DEUTSCHES INSTITUT FÜR WIRTSCHAFTSFORSCHUNG

BEITRÄGE ZUR STRUKTURFORSCHUNG HEFT 135 · 1992

Bernd Görzig

Produktion und Produktionsfaktoren für Ostdeutschland

Kennziffern 1980 - 1991

DUNCKER & HUMBLOT · BERLIN

Herausgeber: Deutsches Institut für Wirtschaftsforschung, Königin-Luise-Str. 5, D-1000 Berlin 33
Telefon (0 30) 82 99 10 — Telefax (0 30) 82 99 12 00
Schriftleitung: Dr. Kurt Hornschild
Verlag: Duncker & Humblot GmbH, Dietrich-Schäfer-Weg 9, D-1000 Berlin 41.
Druck: 1992 bei ZIPPEL-Druck, Oranienburger Str. 170, D-1000 Berlin 26
Printed in Germany
ISBN 3-428-07461-0

Inhaltsverzeichnis

Seite

Verzeichnis der Texttabellen

Seite

1. Vorbemerkungen

Nach der Vereinigung Deutschlands besteht dringender Bedarf nach einer Informationsbasis, die vergleichende Analysen von Produktion, Faktoreinsatz und Faktorkosten in den Industriezweigen der ehemaligen DDR mit den entspechenden Angaben für die alte Bundesrepublik ermöglicht. Es wird noch einige Zeit vergehen, bis die amtliche Statistik solche Berechnungen zur Verfügung stellen wird. Um diese Informationslücke zu schließen, hat das DIW eigene Berechnungen durchgeführt. Dazu war es erforderlich, die vom ehemaligen Statistischen Amt der DDR gesammelten Daten so umzuarbeiten, daß sie methodisch und inhaltlich mit den Angaben des Monatsberichts für das produzierende Gewerbe vergleichbar sind. In dieser ersten Studie geht es darum, für die Jahre 1980 bis 1991 Zeitreihen über die Beschäftigung und die Produktion zu erstellen. Damit wird es möglich, Untersuchungen zum Arbeitseinsatz und der Arbeitsproduktivität in Ostdeutschland, d.h. den fünf neuen Bundesländern zuzüglich Berlin (Ost), und der Bundesrepublik Deutschland (Gebietsstand vor dem 3. Oktober 1990) einschließlich Berlin (West), durchzuführen.

Bei der Erstellung des Informationssystems mußten zwei unterschiedliche Aufgabenkomplexe gelöst werden:

<u>Erstens</u> mußten die für das Gebiet der ehemaligen DDR vorliegenden Daten methodisch an das Erfassungssystem des Monatsberichts für das verarbeitende Gewerbe der Bundesrepublik angepaßt werden. Dazu war es erforderlich, Fragen der wirtschaftszweigsystematischen Zuordnung, der Abgrenzung des Berichtskreises und der Abgrenzung der erfaßten Tatbestände nachzugehen.

<u>Zweitens</u> mußte für die Vergleichbarkeit der Daten das Problem der unterschiedlichen Bewertung gelöst werden. Hier ging es zunächst nicht um das auch konzeptionell nur bedingt lösbare Problem, Wertangaben in Mark der DDR auf solche in DM umzurechnen. Ein Ziel, das angesichts des völlig anders gearteten

Wertsystems in der DDR in jedem Fall nur mit Näherungslösungen zu erreichen sein wird. Bewertungen spielen vielmehr auch bei den für die Beurteilung der Produktivität erforderlichen Volumenangaben für die Produktion immer dann eine wichtige Rolle, wenn diese auf einer aggregierten Ebene dargestellt werden sollen. Die Aggregation und Bewertung der Produktionsmengen erfolgte in der DDR nach einem anderen Konzept als in der Bundesrepublik, so daß ein Verfahren entwickelt werden mußte, um zu einer näherungsweisen Vergleichbarkeit zu gelangen.

Angesichts der Vielfalt der methodischen und statistischen Probleme, die zu bewältigen sind, um die statistischen Angaben über die ehemalige DDR auf eine vergleichbare Basis zu stellen, können die Ergebnisse nur als erste Näherungswerte angesehen werden. Tiefergehende Berechnungen erfordern den Zugang zu einem Informationssystem, wie es beispielsweise den Statistischen Ämtern zur Verfügung steht. Für ein Forschungsinstitut ergeben sich dort Grenzen, wo strukturelle Zerlegungen aus Geheimhaltungsgründen nicht mehr möglich sind.

2. Berücksichtigung unterschiedlicher Erfassungs- und Abgrenzungsverfahren in der DDR-Statistik

Statistische Angaben für das Gebiet der ehemaligen DDR wurden nach dem systematischen Verzeichnis der Wirtschaftszweige (SVWZ) der DDR erhoben.[1] In der Bundesrepublik Deutschland gilt für das produzierende Gewerbe die Systematik für das produzierende Gewerbe (SYPRO).[2]

Um die Entwicklung der Industrie auf dem Gebiet der ehemaligen DDR näherungsweise in der SYPRO-Gliederung der Wirtschaftszweige darstellen zu können, wurde eine spezielle Umsetzungsmatrix erstellt. In dieser Umsetzungsmatrix wurden die Angaben für die Zahl der Arbeiter und Angestellten auf der Ebene der SVWZ 5-Steller den entsprechenden SYPRO 2-Stellern zugeordnet. Das formale Gerüst dieser Umsetzungsmatrix beruht auf einer Schlüsselbrücke, die vom gemeinsamen Statistischen Amt der neuen Länder erarbeitet wurde.[3] In einigen Bereichen mußte dieser Schlüssel jedoch ergänzt werden. Ins Gewicht fällt dabei zum einen die Zuordnung zu den SYPRO-Positionen 22 (Mineralölverarbeitung) und 40 (Chemische Industrie) sowie 31 (Stahlbau) und 32 (Maschinenbau). Bei einer Reihe von SVWZ Bereichen ist auch auf der Ebene der 5-Steller eine eindeutige Zuordnung zu den SYPRO 2-Stellern nicht möglich. Um in diesen Fällen die Gewichte für die Aufteilung auf unterschiedliche SYPRO-Positionen bestimmen zu können,

---

[1] Vgl. Ministerrat der Deutschen Demokratischen Republik, Staatliche Zentralverwaltung für Statistik, Systematik der Volkswirtschaftszweige der Deutschen Demokratischen Republik (Ausgabe 1985).

[2] Vgl. Statistisches Bundesamt, Systematik der Wirtschaftszweige, Fassung für die Statistik im Produzierenden Gewerbe (SYPRO), Arbeitsunterlage, Wiesbaden 1982.

[3] Vgl. Gemeinsames Statistisches Amt der Länder Brandenburg, Mecklenburg-Vorpommern, Sachsen, Sachsen-Anhalt und Thüringen, Schlüsselbrücke zwischen der Systematik der Wirtschaftszweige mit Erläuterungen - Ausgabe 1979 (WZ) und der Systematik der Volkswirtschaftszweige der DDR-Ausgabe 1985 (SVWZ), Arbeitsunterlage, Berlin 1990; - Schlüsselbrücke zwischen der Systematik der Wirtschaftszweige, Ausgabe 1979, Fassung für die Statistik im Produzierenden Gewerbe (SYPRO) und der Systematik der Volkswirtschaftszweige der DDR, Angabe 1985, Arbeitsunterlage.

wurden Berechnungen des Gemeinsamen Statistischen Amtes für die neuen Bundesländer herangezogen. Für das 4. Quartal liegen Angaben über die Zahl von Arbeitern und Angestellten und deren Entgelte sowohl in der Gliederung der SVWZ 4-Steller als auch für SYPRO 4-Steller vor.[4] Außerdem wurden vom Statistischen Bundesamt für den gleichen Zeitraum Monatswerte für die SVWZ 5-Steller zur Verfügung gestellt.[5] Zusammen mit dem formalen Zuordnungsgerüst war es somit möglich, die Felder der Umsetzungsmatrix zu quantifizieren.

Bei der Umsetzung von der SVWZ auf die SYPRO mußte zusätzlich berücksichtigt werden, daß den für die DDR erhobenen Angaben ein Konzept zugrunde lag, das nach den Konventionen des Monatsberichts als Unternehmenskonzept zu bezeichnen ist.[6] An sich wäre daher eine zusätzliche Umsetzungsmatrix erforderlich, um von den Angaben nach dem Unternehmenskonzept zu solchen nach dem Betriebskonzept zu gelangen. Für eine derartige Umsetzungsmatrix standen bisher allerdings keine Informationen zur Verfügung. Die Unterschiede zwischen Unternehmens- und Betriebskonzept wurden statt dessen mit Hilfe von Faktoren berücksichtigt, die aus den Januarwerten des Monatsberichts für das produzierende Gewerbe Ostdeutschlands ermittelt wurden. Als Ergebnis konnte eine Umsetzungsmatrix gebildet werden, die unmittelbar von den Unternehmen in der Abgrenzung der SVWZ 5-Steller auf die Betriebe nach SYPRO 2-Steller schließen läßt. In der Tabelle 2/1 ist diese Umsetzungstabelle in aggregierter Form dargestellt. Sie gibt an, wie sich die Arbeiter und Angestellten nach SVWZ 2-Stellern im Jahr 1989 auf ausgewählte SYPRO 2-Steller verteilten. Danach sind von den 3,2 Mill. Arbeitern

---

[4]Vgl. Gemeinsames Statistisches Amt der Länder Brandenburg, Mecklenburg-Vorpommern, Sachsen, Sachsen-Anhalt, Thüringen; Wirtschaftsbereich Industrie, Ergebnisse für das 2. Halbjahr 1990, Herausgabemonat: April 1991, Arbeitsunterlage.

[5]Vgl. Statistisches Bundesamt, Arbeiter und Angestellte und deren Bruttolohn, Juli bis Dezember 1990, Arbeitsunterlage.

[6]Vgl. Ministerrat der Deutschen Demokratischen Republik, staatliche Zentralverwaltung für Statistik, Definition für Planung, Rechnungsführung und Statistik, Ausgabe 1980, Teil 3, S.6.

Tabelle 2/1

Aggregierte Umsetzungsmatrix für die Beschäftigten von SVWZ-Zweigen auf SYPRO-Zweige

- Arbeiter und Angestellte 1989 in 1 000 -

SVWZ / SYPRO	Energie und Brennstoff-industrie	Chemische Industrie	Metallurgie	Baumateria-lienindustrie	Wasser-wirtschaft	Maschinen- und Fahrzeugbau	Elektrotechn., Elektronik, Gerätebau	Leicht-industrie	Textil-industrie	Lebensmittel-industrie	Industrie insgesamt
Mineralölverarbeitung	-	26	-	-	-	-	-	-	-	-	26
Steine und Erden	-	3	1	77	-	1	-	-	-	-	82
Eisenschaffende Industrie	-	-	80	-	-	4	-	-	-	-	84
Eisen- und Stahlgießereien	-	-	8	-	-	37	-	-	-	-	45
Chem. Ind., Spalt-, Brutstoffe	-	201	-	-	-	1	-	3	-	-	205
Restl. Grundstoffgewerbe	-	26	21	-	-	31	-	50	-	-	128
Stahlbau	-	-	-	-	-	98	7	5	-	-	110
Maschinenbau	-	-	-	-	-	469	9	-	-	-	478
Straßenfahrzeugbau	-	-	-	-	-	119	-	11	-	-	130
Elektrotechnik	-	-	-	-	-	38	303	-	-	-	341
Feinmechanik, Optik	-	-	-	-	-	-	68	-	-	-	68
Büromaschinen, ADV	-	-	-	-	-	1	41	-	-	-	42
Restl. Investitionsgütergewerbe	-	-	-	-	-	112	-	-	-	-	112
Holzverarbeitung	-	-	-	-	-	-	-	85	-	-	85
Druckerei	-	-	-	-	-	-	-	31	-	-	31
Textilgewerbe	-	-	-	-	-	-	-	1	192	-	193
Restl. Verbrauchsgütergewerbe	-	21	-	1	-	2	-	277	9	-	310
Nahrungs- und Genußmittelherst.	-	-	-	-	-	-	-	-	-	246	246
Verarbeitendes Gewerbe	0	277	110	78	0	913	428	463	201	246	2 716
Übrige Wirtschaftszweige	229	55	27	15	27	49	31	20	13	29	495
Insgesamt	229	332	137	93	27	962	459	483	214	275	3 211

Quelle: Berechnungen des DIW.

und Angestellten der Industrie nach der SVWZ Abgrenzung lediglich 2,7 Mill. Beschäftigte dem verarbeitenden Gewerbe in der Abgrenzung des Monatsberichts zuzuordnen. Vom Rest geht mehr als die Hälfte in die Bereiche Bergbau, Energie- und Wasserwirtschaft. Ein weiterer Teil von Beschäftigten entfällt auf jene Betriebe der Nahrungsmittelindustrie, die zur Land- und Forstwirtschaft sowie der Fischerei gehören sowie auf die den Kombinaten der DDR-Industrie zugeordneten Handels- und Vertriebsorganisationen und Transportbetriebe.

Da die Umsetzungsmatrix für die SVWZ in einer vergleichsweise tiefen Disaggregation erstellt wurde, kann sie auch zur Umsetzung von Werten für die Jahre 1980 bis 1989 herangezogen werden. Die tiefe sektorale Gliederung gewährleistet weitgehend, daß strukturelle Veränderungen in den Wirtschaftszweigen der ehemaligen DDR hinreichend genau auch nach der SYPRO-Klassifikation abgebildet werden. Einschränkungen können sich vor allem in den Fällen ergeben, in denen eine direkte Zuordnung auch auf der Ebene der SVWZ 5-Steller nicht möglich ist. In diesen Fällen würden veränderte Schwerpunkte in der Produktion auch zu veränderten Gewichten in der Umsetzungsmatrix führen. Derartige Schwerpunktverlagerungen haben allerdings in den Jahren vor 1990 bei der Zuordnung der Industrieunternehmen zu den SVWZ-Bereichen kaum eine Rolle gespielt.

Ein anderes Problem könnte sich durch die unterschiedliche Abgrenzung des Berichtskreises ergeben. In den vorliegenden Zeitreihen für die Industrieunternehmen der DDR werden Handwerksunternehmen nicht berücksichtigt, wohl aber Unternehmen mit weniger als 20 Beschäftigten.[7] Die Berichterstattung für das produzierende Gewerbe der Bundesrepublik schließt dagegen das Handwerk ein, erstreckt sich jedoch lediglich auf Betriebe von Unternehmen mit 20 und mehr Beschäftigten.

---

[7]Vgl. Ministerrat der Deutschen Demokratischen Republik, Definitionen, a.a.O., Teil 3, S. 6.

Wie eine Auswertung der Berufstätigenerhebung der DDR[8] von 1989 zeigt, lag in der Mehrzahl der Industriezweige die durchschnittliche Unternehmensgröße der Handwerksunternehmen ohne Berücksichtigung der tätigen Inhaber und mithelfenden Familienangehörigen bei weniger als 2 Beschäftigten. Handwerksunternehmen mit mehr als 20 Beschäftigten dürften daher kaum von Gewicht sein (Tabelle 2/2).

Nach Angaben des Statistischen Jahrbuchs Industrie[9] war Ende 1989 die gesamte Zahl der Arbeiter und Angestellten in ostdeutschen Industrieunternehmen mit weniger als 25 Beschäftigten niedriger als 1600. Eine erste Auswertung der Berufstätigenerhebung[10] 1990, die erstmals nach der Systematik der Wirtschaftszweige gegliedert ist, läßt allerdings eine starke Zunahme bei den Kleinunternehmen vermuten. Auch die vergleichende Auswertung der industriellen Treuhandunternehmen[11] mit weniger als 20 Beschäftigten zeigt einen kräftigen Anstieg von 1200 Beschäftigten Ende 1989 auf 3700 Beschäftigte Ende 1990 (Tabelle 2/3). Angesichts des weiterhin niedrigen Niveaus dürfte dennoch die Vergleichbarkeit kaum zu beeinträchtigen sein. Anders als bei den Unternehmen dürfte die Zahl der Beschäftigten in Betrieben mit weniger als 20 Beschäftigten größer sein. Die Vergleichbarkeit der Beschäftigtenzahlen wird aber dennoch nicht eingeschränkt, da nur jene in Ostdeutschland bisher verschwindend geringe Zahl von Beschäftigten betroffen ist, die in Kleinbetrieben arbeiten, die zugleich Unternehmen sind. Kleinbetriebe dagegen, die zu einem Großunternehmen gehören, werden auch im Berichtssystem des Monatsberichts für Betriebe erfaßt. Über den Gesamtzusammenhang zwischen den Beschäftigtenangaben der DDR-Statistik und jenen, die in dieser Studie eine Rolle spielen, informiert Tabelle 2/4.

---

[8] Vgl. Berufstätigenerhebung der DDR 1989, interne Arbeitsunterlage.

[9] Vgl. Statistisches Amt der DDR, Statistisches Jahrbuch der Industrie der Deutschen Demokratischen Republik 1990, Berlin 1990, S. 11.

[10] Vgl. Statistisches Bundesamt, Berufstätigenerhebung 1990, Arbeitsunterlage, Berlin 1991.

[11] Vg. Treuhandanstalt, Stammdatendatei.

Tabelle 2/2

Arbeiter, Angestellte und Zahl der Unternehmen im Handwerk des verarbeitenden Gewerbes Ostdeutschlands

- 1989 -

	Zahl der Unternehmen			Arbeiter und Angestellte in 1 000		
	Insgesamt	Handwerk	Übrige	Insgesamt	Handwerk	Übrige
Mineralölverarbeitung	4	0	4	23	0	23
Steine und Erden	1 029	913	116	82	2	80
Eisenschaffende Industrie	245	215	30	79	0	79
Eisen- und Stahlgießereien	2 014	1 961	53	48	3	45
Chem. Ind., Spalt-, Brutstoffe	524	343	181	206	1	205
Restl. Grundstoffgewerbe	4 220	4 057	163	137	7	130
Stahlbau	1 266	1 172	94	110	2	108
Maschinenbau	2 615	2 012	603	499	4	495
Straßenfahrzeugbau	4 720	4 577	143	130	10	120
Elektrotechnik	7 934	7 626	308	367	14	353
Feinmechanik, Optik	1 567	1 529	38	59	3	55
Büromaschinen, ADV	253	242	11	42	0	42
Restl. Investitionsgütergewerbe	2 803	2 644	159	116	5	111
Holzverarbeitung	8 894	8 701	193	98	11	86
Druckerei	2 070	2 027	43	8	4	4
Textilgewerbe	912	748	164	195	1	194
Restl. Verbrauchsgütergewerbe	9 981	9 506	475	320	8	312
Nahrungs- und Genußmittelherst.	8 005	7 430	575	278	29	249
Verarbeitendes Gewerbe	59 056	55 703	3 353	2 795	105	2 690
Grundstoffgewerbe	8 036	7 489	547	575	13	563
Investitionsgütergewerbe	21 158	19 802	1 356	1 322	38	1 284
Verbrauchsgütergewerbe	21 857	20 982	875	621	25	596

Quellen: Statistisches Amt der DDR. Berechnungen des DIW.

Tabelle 2/3
Beschäftigte in Kleinunternehmen der Treuhand

	Zahl der Unternehmen						Beschäftigte in 1 000 in Unternehmen					
	Insgesamt		mit weniger als 20 Beschäftigten		mit 20 und mehr Beschäftigten		Insgesamt		mit weniger als 20 Beschäftigten		mit 20 und mehr Beschäftigten	
	1989	1990	1989	1990	1989	1990	1989	1990	1989	1990	1989	1990
Mineralölverarbeitung	9	9	2	3	7	6	9,2	6,8	0,02	0,04	9,1	6,8
Steine und Erden	143	173	6	16	137	157	63,8	47,0	0,08	0,19	63,7	46,9
Eisenschaffende Industrie	15	20	0	0	15	20	52,4	42,9	0,00	0,00	52,4	42,9
Eisen- und Stahlgießereien	123	149	4	15	119	134	65,7	60,8	0,05	0,21	65,6	60,6
Chem. Ind., Spalt-, Brutstoffe	160	177	3	16	157	161	202,7	161,2	0,03	0,15	202,7	161,1
Restl. Grundstoffgewerbe (1)	32	35	1	3	31	32	42,6	30,4	0,02	0,05	42,6	30,4
Stahlbau	97	121	1	7	96	114	85,4	79,2	0,02	0,10	85,4	79,1
Maschinenbau	640	790	12	41	628	749	513,4	428,5	0,19	0,54	513,2	428,0
Straßenfahrzeugbau	184	237	5	17	179	220	125,7	94,6	0,06	0,22	125,6	94,4
Elektrotechnik	228	287	4	20	224	267	245,6	204,6	0,04	0,18	245,5	204,4
Feinmechanik, Optik	45	50	3	3	42	47	71,3	54,4	0,04	0,03	71,2	54,4
Büromaschinen, ADV	29	48	0	6	29	42	52,8	44,6	0,00	0,08	52,8	44,5
Restl. Investitionsgütergewerbe	210	230	11	20	199	210	173,5	133,2	0,14	0,25	173,3	133,0
Holzverarbeitung (2)	280	337	17	41	263	296	77,6	53,2	0,25	0,53	77,4	52,7
Druckerei	64	78	3	9	61	69	13,4	11,2	0,03	0,10	13,4	11,1
Textilgewerbe	154	178	1	12	153	166	181,4	110,3	0,01	0,12	181,4	110,2
Restl. Verbrauchsgütergewerbe (3)	539	616	9	39	530	577	284,5	192,3	0,12	0,46	284,4	191,8
Nahrungs- und Genußmittelherst.	551	630	5	33	546	597	163,8	120,1	0,07	0,40	163,7	119,7
Verarbeitendes Gewerbe	3 503	4 165	87	301	3 416	3 864	2 424,7	1 875,3	1,17	3,64	2 423,6	1 871,7
Grundstoffgewerbe (1)	482	563	16	53	466	510	436,4	349,1	0,20	0,64	436,2	348,5
Investitionsgütergewerbe	1 433	1 763	36	114	1 397	1 649	1 267,6	1 039,2	0,49	1,40	1 267,1	1 037,8
Verbrauchsgütergewerbe (2) (3)	1 037	1 209	30	101	1 007	1 108	557,0	367,0	0,41	1,21	556,6	365,7

(1) Ohne Holzbearbeitung, Zellstoff- und Papiererzeugung.- (2) Einschl. Holzbearbeitung.- (3) Einschl. Zellstoff- und Papiererzeugung.

Quellen: Treuhandanstalt Berlin, Berechnungen des DIW.

Tabelle 2/4

Umsetzung der Beschäftigtenzahlen von der SVWZ auf die SYPRO

- 1989 -

	in 1 000
Beschäftigte in Industrieunternehmen in der Abgrenzung der SVWZ	3 309
Arbeiter und Angestellte	3 211
Lehrlinge	155
Selbständige und Genossenschaftsmitglieder (1)	- 3
Beschäftigte in Handwerksunternehmen	282
Beschäftigte insgesamt	3 651
davon	
in Kleinbetrieben mit weniger als 20 Beschäftigten	285
in Betrieben mit 20 und mehr Beschäftigten	3 366
außerhalb des verarbeitenden Gewerbes (2)	539
im verarbeitenden Gewerbe in der Abgrenzung der SYPRO	2 837

(1) Ohne Produktionsgenossenschaften des Handwerks.- (2) Energie- und Wasserwirtschaft, Bergbau, sowie Betriebe, die mit ihrem Produktionsschwerpunkt den Wirtschaftszweigen Fischerei, Landwirtschaft, Handel oder Dienstleistungen zugerechnet werden müssen.

Quelle: Gemeinsames Statistisches Amt der neuen Länder, Berechnungen des DIW.

3. Zur Vergleichbarkeit der Produktionskennziffern

Im Berichtssystem des Statistischen Bundesamtes wird die Entwicklung der Produktion durch den Index der Nettoproduktion erfaßt. Dieser wird ermittelt, indem auf der Ebene der SYPRO 4-Steller die Bruttowertschöpfung (ohne Umsatzsteuer) eines Basisjahres mit Hilfe repräsentativer überwiegend physischer Indikatoren der Produktionsmenge fortgeschrieben wird. Die physischen Produktionsmengen werden bei der Aggregation auf SYPRO 2-Steller oder auf das gesamte verarbeitende Gewerbe mit der zugeordneten Wertschöpfung gewichtet. In den vom DIW berechneten Kennziffern für Westdeutschland[12] wird das Wertschöpfungsvolumen auch für andere Jahre als das Basisjahr ausgewiesen, indem die Wertschöpfung des Basisjahres mit Hilfe der Nettoproduktionsindizes für fachliche Unternehmensteile fortgeschrieben wird.

Ein vergleichbares Berichtssystem hat es in der DDR nicht gegeben. Berechnet wurde ein Volumenindex für die industriellen Warenproduktionen. Dieser ist auf der Ebene der SVWZ-4-Steller im Statistischen Jahrbuch Industrie bis 1989 veröffentlicht.[13] In 1990 ist der Index monatlich bis zum Dezember fortgeschrieben worden.[14] Die industrielle Warenproduktion ist ein Teilaggregat der Bruttoproduktion. Sie ergibt sich nach dem folgenden Schema:[15]

---

[12]Vgl. B. Görzig, J. Schintke, M. Schmidt, Produktionsvolumen und -potential, Produktionsfaktoren des Bergbaus und des Verarbeitenden Gewerbes in der Bundesrepublik Deutschland, Statistische Kennziffern, 33. Folge, 1970 - 1990, Berlin 1991.

[13]Vgl. Statistisches Amt der DDR, Statistisches Jahrbuch der Industrie, a.a.O., S. 52 ff.

[14]Vgl. Gemeinsames Statistisches Amt der Länder ..., Wirtschaftsbereich Industrie, Produktionsindex, Umsatz, Auftragseingang und Auftragsbestand, Berichtsmonat Dezember 1990, Arbeitsunterlage.

[15]Vg. Ministerrat der Deutschen Demokratischen Republik, Definitionen, a.a.O., Teil 3, S. 28.

Bruttoproduktion =

Bestandsveränderungen

\+ nichtindustrielle Warenproduktion

\+ Industrielle Warenproduktion

Neben Zeitreihen des Volumenindex für die industrielle Warenproduktion wurden in der Vergangenheit auch Wertangaben zu Betriebspreisen und zu Industrieabgabepreisen erhoben. Über einen derartigen allerdings nicht vollständigen Datensatz auf der SVWZ-5-Stellen-Ebene verfügt das IAW-Berlin.[16]

Ein wesentlicher Unterschied zwischen dem Index der industriellen Warenproduktion und dem Nettoproduktionsindex liegt darin, daß die Produktionsmengen mit dem Wert der Bruttoproduktion an Stelle der Wertschöpfung gewichtet werden. Dies bewirkt beispielsweise, daß vorleistungsintensive Betriebe im aggregierten Produktionsindex stärker gewichtet werden als beim Index der Nettoproduktion. Betroffen von diesem Unterschied ist ausschließlich das Gewichtungsschema, da auch der Nettoproduktionsindex mit der Entwicklung von Bruttoproduktionswerten fortgeschrieben wird. Da Informationen über die Vorleistungen in hinreichend tiefer sektoraler Gliederung vorliegen, wäre eine Umstellung der Daten für Ostdeutschland vom Brutto- auf das Nettokonzept näherungsweise möglich.

Gravierender ist jedoch ein anderer Unterschied zu bewerten. Beim Index der Nettoproduktion wird ein konstantes Mengengerüst mit Mengenindikatoren fortgeschrieben (Laspeyres-Index). Der Volumenindex der industriellen Warenproduktion dagegen wird durch Preisbereinigung der industriellen Warenproduktion ermittelt, indem eine Bewertung der aktuellen Produktionswerte mit den Betriebspreisen eines Basisjahres vorgenommen wird. Es handelt sich also

[16]Vgl. Institut für angewandte Wirtschaftsforschung, Berlin, Zeitreihen der Industrie der DDR, 1981 - 1989, Berlin 1990.

um einen Index mit wechselnder Mengengewichtung (Paasche-Index). Nun könnte durchaus diskutiert werden, ob ein derartiger Index die wirtschaftliche Entwicklung in den Industriezweigen Ostdeutschlands in der gegenwärtigen Phase erheblicher struktureller Umgestaltung nicht sogar besser darstellen könnte, da die Annahme eines konstanten Mengengerüsts in dieser Situation sehr unrealistisch ist. Auch in der volkswirtschaftlichen Gesamtrechnung der Bundesrepublik wird, um insbesondere die längerfristige Entwicklung realitätsnäher abbilden zu können, bei der Darstellung der volumensmäßigen Entwicklung der Bruttowertschöpfung mit jährlich wechselnden Wägungsschemata gearbeitet.[17] In der gegenwärtigen Phase der wirtschaftlichen Entwicklung spricht gegen die Verwendung des Index der Nettoproduktion auch, daß dort Wertangaben der ostdeutschen Produktionsstatistik mit westdeutschen Erzeugerpreisen deflationiert werden, um mit den so konstruierten Mengenindikatoren die Nettoproduktionsindizes fortschreiben zu können. Hinzu kommt, daß der Nettoproduktionsindex für Ostdeutschland auf der Basis einer vorläufigen Erfassung der Bruttowertschöpfung im 3. Quartal 1990 berechnet wird.

Für die längerfristige Beurteilung der Produktionsentwicklung in der DDR vor 1990 enthält das Konzept der industriellen Warenproduktion allerdings all jene Nachteile, die auch immer wieder diskutiert wurden, wenn es um die Fehlerhaftigkeit von DDR-Statistiken ging. Die Schwierigkeiten liegen vor allem bei der Behandlung neuer oder veränderter Produkte. Im Regelfall sahen die Richtlinien vor, daß neue Produkte zu den jeweils vom Ministerrat festgelegten Betriebspreisen bewertet werden.[18] Neue Produkte erhielten dadurch ein größeres und ständig zunehmendes Gewicht bei der Berechnung des Produktionsvolumens. Über die Verwendung der aktuellen Betriebspreise flossen Preiserhöhungen in die

---

[17] Vgl. Statistisches Bundesamt, Fachserie 18, Reihe 1.3, Volkswirtschaftliche Gesamtrechnungen, Konten und Standardtabellen, 1988, S. 99.

[18] Vgl. Ministerrat der Deutschen Demokratischen Republik, Definitionen, a.a.O., Teil 3, S. 35.

Entwicklung des Volumenindex ein. Gegenüber einer Berechnung nach dem Konzept des Nettoproduktionsindex ist davon auszugehen, daß in der Regel der Volumenindex der industriellen Warenproduktion durch implizite Preissteigerungen überhöht ist.[19] Hinzu kommt, daß die Abgrenzung der neuen oder vermeintlich neuen Produkte häufig in der Hand der Betriebe lag, die andere Interessen als die der statistischen Berichterstattung verfolgten, so daß auch das Statistische Amt der DDR auf diese Aktivitäten kaum Einfluß hatte. Der Anteil der von den Betrieben gemeldeten neuen Produkte an der gesamten industriellen Warenproduktion[20] stieg von 21 vH in 1983 auf 33 vH in 1988.

Aber auch unabhängig von bewußt verfälschenden Einflüssen muß berücksichtigt werden, daß die gesamte Preisstruktur administrativ festgelegt war und nicht den Knappheitsrelationen in der ehemaligen DDR entsprach. Die Preisstruktur bestimmt aber die Gewichte, mit denen die Produkte in den Volumenindex eingehen. Die erwähnten Defizite betreffen zudem überwiegend die Aussagen über die längerfristige Entwicklung. Am aktuellen Rand dürften diese Einflüsse eher von untergeordneter Bedeutung sein.

In der gegenwärtigen Situation sind die Möglichkeiten, Einschränkungen in der Aussagefähigkeit der industriellen Warenproduktion zu korrigieren, sehr gering. Erforderlich wäre an sich eine Auswertung der Produktionsstatistik der DDR. Um hier dennoch zu Größenordnungen zu gelangen, wurde versucht, den Anteil der Preiskomponente an der Entwicklung der Produktion in Ostdeutschland vor 1989 zu erfassen. Angesetzt wurde hierfür bei den Außenhandelserträgen der Wirtschaftszweige. Geht man davon aus, daß die ständige Verschlechterung der Devisenerträge für ostdeutsche Produkte Ausdruck der impliziten Preissteigerungen war, dann läßt sich aus dem Verhältnis der Ausfuhrwerte zu Betriebspreisen und in Valutamark, der reziproken Devisenertragsrelation, ein Preisindex konstruieren, mit

[19] Vgl. Deutscher Bundestag, Drucksache 11/11, Materialien zum Bericht zur Lage der Nation im geteilten Deutschland 1987, S. 249.

[20] Vgl. Statistisches Amt der DDR, Statistisches Jahrbuch 1989, Berlin 1990, S. 151.

dem die Volumenswerte der Ausfuhr korrigiert werden können. Damit wird der Index der industriellen Warenproduktion einer Branche zumindest für jenen Teil realistischer dargestellt, der auf die Exporte in westliche Länder entfiel. Die für die Ausfuhr ermittelten Preissteigerungen können allerdings nicht ohne weiteres auf die übrige Produktion übertragen werden. Teilweise wurden durch eine forcierte Exportpolitik auch Güter exportiert, bei denen kaum Devisenerlöse zu erzielen waren.[21] Sehr viel häufiger wurden jedoch nur die qualitativ höherwertigen Güter exportiert, so daß die qualitative Verschlechterung der Güter für den inländischen Einsatz eher noch größer angenommen werden könnte.

Wie diese Argumente quantitativ zu bewerten sind, ist schwer zu sagen. Hier wurde zunächst angenommen, daß die für den Export in westliche Länder ermittelten Preissteigerungen auch für einen gleich hohen Anteil der übrigen Produktion gelten. Da implizite Preissteigerungen auch in Branchen anzunehmen sind, in denen die Exporte eine nur sehr geringe Rolle spielen, wurde zudem in allen Branchen 5 vH der Warenproduktion durch die für den Westexport ermittelten Preissteigerungsraten korrigiert. Durchgeführt wurden diese Korrekturen auf der Ebene der SVWZ 5-Steller. Über die branchenmäßigen Auswirkungen dieser Berechnung informiert Tabelle 3/1, in der der korrigierte Produktionsindex für 1980 den unkorrigierten Werten gegenübergestellt wurde.

Angesichts der vergleichsweise vorsichtigen Annahmen muß insbesondere für den Teil der Produktion, der nicht auf Exporte in das westliche Ausland entfiel, davon ausgegangen werden, daß die tatsächliche Entwicklung, d.h. die Entwicklung von 1980 bis 1989 eher noch schwächer ausgefallen sein dürfte, als das Ergebnis dieser Berechnungen ausweist.

Vergleichende Analysen über die Produktivität in Ost- und Westdeutschland können nicht allein auf der Basis der Entwicklung verschiedener Produktionsindizes durchgeführt werden. Erforderlich ist auch, daß die Produktionsniveaus einheitlich

[21]Vgl. Zum Produktivitätsvergleich Bundesrepublik - DDR, In: Wochenbericht des DIW, Nr. 14/1990, Bearb.: D. Cornelsen, W. Kirner.

Tabelle 3/1

Auswirkungen der Korrektur des Volumenindex der industriellen Warenproduktion

	Bruttowertschöpfung im Jahr 1980 (1) Index 1989 = 100			Jahresdurchschnittliche Veränderungen 1990 gegenüber 1980 in vH		
	unkorrigiert	korrigiert	Differenz	unkorrigiert	korrigiert	Differenz
Mineralölverarbeitung	76	89	13	-0,7	-2,2	-1,6
Steine und Erden	90	91	1	-2,5	-2,6	-0,1
Eisenschaffende Industrie	89	96	7	-2,5	-3,2	-0,7
Eisen- und Stahlgießereien	90	71	-19	-2,2	0,1	2,3
Chem. Ind., Spalt-, Brutstoffe	83	91	8	-1,5	-2,5	-0,9
Restl. Grundstoffgewerbe	74	69	-5	-1,6	-0,9	0,7
Stahlbau	73	81	8	1,9	0,8	-1,1
Maschinenbau	66	76	10	1,9	0,5	-1,4
Straßenfahrzeugbau	80	71	-9	0,8	2,1	1,2
Elektrotechnik	54	80	26	3,7	-0,3	-4,0
Feinmechanik, Optik	47	82	35	3,3	-2,3	-5,6
Büromaschinen, ADV	34	81	47	8,2	-0,8	-9,0
Restl. Investitionsgütergewerbe	73	114	41	0,5	-3,8	-4,4
Holzverarbeitung	80	84	4	-1,6	-2,1	-0,5
Druckerei	94	94	0	0,1	0,1	0,0
Textilgewerbe	83	89	6	-2,1	-2,8	-0,7
Restl. Verbrauchsgütergewerbe	74	96	22	-0,4	-3,0	-2,6
Nahrungs- und Genußmittelherst.	86	86	0	-2,8	-2,8	0,0
Verarbeitendes Gewerbe	74	84	10	0,0	-1,3	-1,3
Grundstoffprod. Gewerbe	84	86	2	-1,9	-2,2	-0,2
Invest.-Güterprod. Gewerbe	63	80	17	2,3	-0,1	-2,4
Verbrauchsgüterprod. Gewerbe	80	92	12	-1,0	-2,4	-1,4
Nahrungs- und Genußmittelherst.	86	86	0	-2,8	-2,8	0,0

(1) Mit dem Index der industriellen Warenproduktion fortgeschrieben und auf die SYPRO umgesetzte Werte der Bruttowertschöpfung für das 3. Quartal 1990.

Quelle: Berechnungen des DIW.

abgegrenzt werden. Legt man das Konzept des Nettoproduktionsindex zugrunde, so gewinnt für die Bestimmung des Produktionsniveaus in Ostdeutschland die Wahl des Basisjahres eine überragende Bedeutung. Dies liegt vor allem an der "Bewertung" der Produktionsmengen mit der Bruttowertschöpfung des Basisjahres. Diese ist im 3. Quartal 1990 in Ostdeutschland in allen Branchen des verarbeitenden Gewerbes außerordentlich gering gewesen, da die Bruttoeinkommen aus Unternehmertätigkeit und Vermögen überwiegend negativ ausfielen und zudem der Absatz hoch subventioniert wurde. Dies hat zur Folge, daß gleiche physische Produktionsmengen im Osten weitaus geringer bewertet werden als im Westen. An sich drückt sich in diesem Unterschied die geringere Marktfähigkeit der ostdeutschen Produkte aus. Gleichzeitig wird dadurch aber die physische Produktionsleistung in Ostdeutschland unterschätzt. Ausgewiesen wird lediglich die Produktion Ostdeutschlands zu konstanten ostdeutschen Preisen. Ein Vergleich mit der westdeutschen Produktion ist jedoch erst dann möglich, wenn in beiden Regionen der Produktionsindex zu konstanten und einheitlichen Preisen gemessen wird.

Die eingeschränkte Aussagefähigkeit der für die Branchen Ostdeutschlands ermittelten Bruttowertschöpfung dürfte das Statistische Bundesamt veranlaßt haben, die in der Kostenstrukturerhebung[22] für Ostdeutschland ermittelten Werte zwar der Berichterstattung über die Produktionsentwicklung zugrunde zu legen, nicht jedoch auch für die Darstellung des Produktionsniveaus Ostdeutschlands einzusetzen. Hinzu kommt, daß die beim Nettoproduktionsindex zugrunde gelegte Branchenstruktur der Bruttowertschöpfung vom 3. Quartal 1990, bedingt durch den rapiden Strukturwandel in Ostdeutschland schon ein Jahr später kaum noch mit den tatsächlichen Verhältnissen übereinstimmt. Eine Revision des Basiszeitraumes wird daher sehr bald erfolgen müssen. Eine künftige Revision jedoch, bei der ein Basisjahr mit besseren ökonomischen Verhältnissen zugrunde gelegt wird, muß zwangsläufig zu einer Gewichtung der physischen Produktion mit angehobenen Indikatoren für die Wertschöpfung und damit zur Anhebung der Produktionsniveaus auch in der Vergangenheit führen.

---

[22]Vgl. Statistisches Bundesamt, Kostenstrukturerhebung für das 2. Halbjahr 1990, Arbeitsunterlage, Berlin 1991.

Da das Statistische Bundesamt gegenwärtig sowohl für Gesamtdeutschland als auch für Ostdeutschland, nicht jedoch für Westdeutschland die Entwicklung von Nettoproduktionsindices ausweist[23], ist auch die zugrunde gelegte Höhe der Bruttowertschöpfung im Basiszeitraum nicht ermittelbar. Wegen des festen Gewichtungsschemas nach Branchen würde für die Aufteilung des gesamtdeutschen Bruttowertschöpfungsvolumens auf Ost- und Westdeutschland lediglich der Anteil des gesamten verarbeitenden Gewerbes Ostdeutschlands an dem entsprechenden Wert für Gesamtdeutschland benötigt, um auch branchenmäßig die jeweiligen Produktionsniveaus bestimmen zu können. Um hier eine Größenordnung abgreifen zu können, wurde in einem ersten Schritt das vom DIW regelmäßig zur Basis 1980 berechnete Bruttowertschöpfungsvolumen[24] hilfweise auf die Basis von 1990 umgestellt. Anschließend wurde die Bruttowertschöpfung im verarbeitenden Gewerbe Ostdeutschlands nach einem Verfahren ermittelt, das vom Arbeitskreis Volkswirtschaftliche Gesamtrechnung der Länder[25] bisher für die Ermittlung des Bruttoinlandsprodukts der Bundesländer angewandt wurde. Mit Hilfe der Kostenstrukturerhebung für das 2. Halbjahr 1990 wurde die Bruttowertschöpfung im verarbeitenden Gewerbe Ostdeutschlands unter Verwendung der westdeutschen Vorleistungsquoten berechnet. Das Ergebnis dieser Rechnung ist gedanklich als Bruttowertschöpfung zu westdeutschen Preisen des 2. Halbjahres 1990 zu interpretieren. Sicherlich hat auch dieses Verfahren zur Ermittlung der regionalen Wertschöpfung Mängel[26], doch dürfte mit den derart ermittelten Gewichten das Produktionsniveau Ostdeutschlands insgesamt realitätsnäher erfaßt werden als mit den sehr verzerrten Werten der Bruttowertschöpfung aus der Kostenstrukturerhebung.

---

[23]Vgl. Statistisches Bundesamt, zur wirtschaftlichen und sozialen Lage in den neuen Bundesländern, 2/1991, Wiesbaden.

[24]Vgl. B. Görzig u.a., Produktionsvolumen, a.a.O., Berlin 1991.

[25]Vgl. W. Gerß, Das produzierende Gewerbe in den Volkswirtschaftlichen Gesamtrechnungen der Bundesländer, Statistische Rundschau für das Land Nordrhein-Westfalen, Heft 1/1985, S. 3 ff.

[26]Vgl. K. Geppert und B. Görzig, Möglichkeiten und Grenzen der Regionalisierung der Volkswirtschaftlichen Gesamtrechnung in der Bundesrepublik Deutschland, DIW-Beiträge zur Strukturforschung, Heft 105, Berlin 1988.

4. Die Erstellung der Ausgangsdaten für Ostdeutschland

Zeitreihen für Arbeiter und Angestellte liefert das Statistische Jahrbuch Industrie[27] des Statistischen Amtes der DDR auf der Ebene der SVWZ 4-Steller für die Jahre bis 1989. Das IAW-Berlin verfügt über Angaben auf der Ebene der SVWZ 5-Steller. Diese stimmen allerdings in der Aggregation auf die 4-Steller Ebene nur selten mit den Angaben des Statistischen Jahrbuchs überein, da einige Wirtschaftszweige gar nicht oder nur mangelhaft erfaßt sind. Für das 1. Halbjahr 1990 wurden interne Unterlagen des Statistischen Amtes hinzugezogen.

Zusätzlich liegen Angaben auf der 5-Steller Ebene für das 4. Quartal 1990 vor. Diese sind zwar voll erfaßt, aus Geheimhaltungsgründen im Sinne des Bundesstatistikgesetzes nicht vollständig ausgewiesen. Durch Zusammenfügen der verschiedenen Datensätze und eigene Schätzungen konnten durchgehende Zeitreihen von 1980 bis 1990 für die Zahl der Arbeiter und Angestellten auf der Ebene der SVWZ 5-Steller erarbeitet werden.

Zu den Beschäftigten im westdeutschen Berichtssystem zählen neben den Arbeitern und Angestellten auch die tätigen Inhaber und mithelfenden Familienangehörigen sowie die Lehrlinge. Aus der Berufstätigenerhebung der DDR für 1989 wird deutlich, daß tätige Inhaber und mithelfende Familienangehörige fast ausschließlich im Handwerk anzutreffen sind. Da Handwerksbetriebe angesichts der geringen Betriebsgröße ohnehin nicht einzubeziehen sind, wird die Vergleichbarkeit durch die Nichterfassung der Selbständigen kaum beeinträchtigt. Größeres Gewicht haben dagegen die in der DDR-Industriestatistik nicht erfaßten Lehrlinge. Ihre Zahl betrug 1989 151 000. Die Zuordnung auf der Ebene der SVWZ 4-Steller konnte auf der Grundlage interner Unterlagen des Statistischen Bundesamtes vorgenommen werden.

---

[27] Vgl. Statistisches Amt der DDR, Statistisches Jahrbuch der Industrie, a.a.O., S. 85 ff.

Angaben über die tatsächlich geleistete Arbeitszeit zuzüglich Überstunden wurden vom Statistischen Bundesamt auf der Ebene der SVWZ 4-Steller für die Jahre 1980 bis 1. Hälfte 1990 zur Verfügung gestellt. Die Werte für das 2. Halbjahr 1990 wurden mit Hilfe des Vergleichs der Kurzarbeiter und den Arbeitszeitangaben des Monatsberichts in der ersten Hälfte 1991 geschätzt.

Durchgehende Zeitreihen für den Volumensindex der industriellen Warenproduktion zur Basis 1985 liefert das Statistische Jahrbuch der DDR auf der Ebene der SVWZ 4-Steller. Für das 1. Halbjahr 1990 liegen Angaben des Gemeinsamen Statistischen Amtes der neuen Länder vor. Wertangaben der industriellen Warenproduktion zu Betriebspreisen wurden für 1985 vom Statistischen Bundesamt zur Verfügung gestellt. Auf der Ebene der SVWZ 5-Steller konnte ein Datensatz des IAW-Berlin genutzt werden. Dem gleichen Datensatz werden auch die für die Korrektur des Volumensindex der industriellen Warenproduktion benötitgte Angaben über die Exporte in Valutamarkt entnommen. Durch Verknüpfung der Wertangaben mit dem Volumensindizes konnten durchgehende Volumenzeitreihen erstellt werden, die anschließend auf die SYPRO-Zweige umgesetzt wurden.

5. Ergebnisse zur aktuellen Produktivitätsentwicklung in Ostdeutschland

Die Tabelle 5/1 zeigt die Entwicklung von Produktion und Beschäftigung in den Zweigen des verarbeitenden Gewerbes Ostdeutschlands seit 1989. Im Monatsdurchschnitt des ersten Halbjahres 1991 lag die Produktion im verarbeitenden Gewerbe bei einem Drittel des Ausgangswertes von 1989. Die Öffnung des ostdeutschen Marktes und die Abwanderung von Arbeitskräften nach Westdeutschland bewirkten schon im ersten Halbjahr 1990 Produktionsrückgänge; die stärksten Ausfälle setzten jedoch erst mit der Währungsunion ein. Die Produktion im verarbeitenden Gewerbe halbierte sich gegenüber dem Monatsdurchschnitt von 1989. Lediglich den Investitionsgüterherstellern gelang es, vornehmlich durch den Export nach Osteuropa, den Rückgang auf 60 vH zu begrenzen. Mit dem Auslaufen der Exportsubventionen sank 1991 auch in diesem Bereich die Produktion auf ein Drittel des Durchschnittswertes von 1989. In der zweiten Jahreshälfte 1991 ist im Durchschnitt des verarbeitenden Gewerbes und in der überwiegenden Zahl der Hauptgruppen die Produktion wieder leicht ausgeweitet worden.

Obwohl alle Branchen kräftige Produktionseinbußen hinnehmen mußten, so zeigten sich doch im Verlauf des Jahres 1991 auch starke Unterschiede. Relativ gut behaupten konnte sich die Produktion im Druckgewerbe. Sie erreichte im zweiten Halbjahr schon fast den Monatsdurchschnitt von 1989, leicht verschlechtert hat sich dagegen der Straßenfahrzeugbau; mit 57 vH des Produktionsniveaus von 1989 liegt er aber immer noch über dem Durchschnitt des verarbeitenden Gewerbes. Einen nochmaligen starken Rückgang der Produktion mußten die Branchen Feinmechanik, Optik (18 vH), Büromaschinen, ADV (11 vH) sowie die Eisen- und Stahlgießereien (19 vH) hinnehmen.

In jenen Branchen, die bereits bis zum ersten Halbjahr 1991 über dem Durchschnitt des verarbeitenden Gewerbes liegende Produktionsrückgänge hinnehmen mußten, setzte sich diese Entwicklung fort oder die Produktion stagnierte. Eine Ausnahme ist die Steine und Erden-Industrie, die sich infolge der zunehmenden Bautätigkeit im zweiten Halbjahr 1991 deutlich erholte. Die Branchen, die bis zum ersten

Tabelle 5/1

Produktion und Beschäftigung in Ostdeutschland

	Produktion (1) Index (3. Quartal 1990 = 100)					Beschäftigte (2) in 1 000				
	1989	1990		1991		1989	1990		1991	
		1. Halbj.	2. Halbj.	1. Halbj.	2. Halbj.		1. Halbj.	2. Halbj.	1. Halbj.	2. Halbj.
Mineralölverarbeitung	175	154	95	108	119	24	23	21	18	14
Steine und Erden	200	196	83	42	58	83	82	72	62	46
Eisenschaffende Industrie	197	182	88	82	69	85	82	69	57	45
Eisen- und Stahlgießereien	181	175	85	47	34	46	44	38	34	23
Chem. Ind., Spalt-, Brutstoffe	215	193	110	79	95	214	203	174	138	107
Restl. Grundstoffgewerbe	276	253	95	74	69	130	120	103	80	55
Stahlbau	136	138	102	78	106	113	109	94	92	86
Maschinenbau	150	148	93	45	47	523	486	413	361	260
Straßenfahrzeugbau	130	132	94	74	70	125	126	112	93	68
Elektrotechnik	163	162	92	41	41	374	359	297	251	173
Feinmechanik, Optik	258	215	120	36	22	60	59	58	51	39
Büromaschinen, ADV	178	183	85	34	20	47	42	36	32	23
Restl. Investitionsgütergewerbe	170	172	90	74	75	116	111	96	91	70
Holzverarbeitung	253	243	101	70	71	89	79	62	53	42
Druckerei	124	143	93	95	122	27	24	22	21	21
Textilgewerbe	244	222	102	86	74	203	191	142	102	68
Restl. Verbrauchsgütergewerbe	194	177	97	50	51	331	306	236	187	136
Nahrungs- und Genußmittelherst.	251	222	104	95	96	256	236	182	146	119
Verarbeitendes Gewerbe	188	175	96	62	66	2 847	2 685	2 227	1 872	1 397
Grundstoffprod. Gewerbe	211	195	95	70	77	582	555	477	391	291
Invest.-Güterprod. Gewerbe	155	154	94	50	53	1 359	1 292	1 106	971	720
Verbrauchsgüterprod. Gewerbe	208	192	96	71	73	650	601	462	364	267
	Entwicklung (1989 = 100)									
Mineralölverarbeitung	100	88	55	62	68	100	97	90	78	61
Steine und Erden	100	99	41	21	29	100	99	86	75	56
Eisenschaffende Industrie	100	93	45	41	35	100	96	81	67	53
Eisen- und Stahlgießereien	100	96	47	26	19	100	96	82	74	50
Chem. Ind., Spalt-, Brutstoffe	100	90	51	37	44	100	95	81	65	50
Restl. Grundstoffgewerbe	100	91	34	27	25	100	93	79	62	42
Stahlbau	100	102	75	58	79	100	96	84	81	76
Maschinenbau	100	98	62	30	31	100	93	79	69	50
Straßenfahrzeugbau	100	102	73	57	54	100	101	90	74	54
Elektrotechnik	100	100	57	25	25	100	96	79	67	46
Feinmechanik, Optik	100	83	47	14	8	100	99	97	85	66
Büromaschinen, ADV	100	103	48	19	11	100	90	76	67	49
Restl. Investitionsgütergewerbe	100	101	53	44	44	100	96	82	78	60
Holzverarbeitung	100	96	40	28	28	100	89	69	60	47
Druckerei	100	115	75	77	98	100	90	82	78	78
Textilgewerbe	100	91	42	35	30	100	94	70	51	33
Restl. Verbrauchsgütergewerbe	100	91	50	26	26	100	92	71	56	41
Nahrungs- und Genußmittelherst.	100	89	41	38	38	100	93	71	57	46
Verarbeitendes Gewerbe	100	93	51	33	35	100	94	78	66	49
Grundstoffprod. Gewerbe	100	93	45	33	36	100	95	82	67	50
Invest.-Güterprod. Gewerbe	100	99	61	33	34	100	95	81	71	53
Verbrauchsgüterprod. Gewerbe	100	92	47	34	35	100	92	71	56	41

(1) Index der Nettoproduktion für 1989 und 1. Halbjahr 1990 mit der auf SYPRO-Zweige umgesetzten industriellen Warenproduktion zurückgeschrieben.- (2) Arbeiter und Angestellte zuzüglich Lehrlinge, Selbständige, mithelfende Familienangehörige und Genossenschaftsmitglieder in 1989 und 1990, Halbjahres- bzw. Jahresdurchschnittswerte, Beschäftigte in Betrieben in 1991.

Quellen: Statistisches Bundesamt; Gemeinsames Statistisches Amt der neuen Bundesländer; Berechnungen des DIW.

Halbjahr nur unterdurchschnittliche Produktionsrückgänge verzeichneten, konnten vielfach die Produktion im zweiten Halbjahr deutlich steigern. So erreichte die chemische Industrie 44 vH des Produktionsniveaus von 1989. Beim Stahlbau waren es 79 vH und bei der Mineralölverarbeitung knapp 68 vH.

Die Beschäftigung im verarbeitenden Gewerbe ging von 2,8 Mill. im Durchschnitt des Jahres 1989 auf 1,4 Mill. im Durchschnitt des zweiten Halbjahres 1991 zurück. Im ersten Halbjahr 1991 war der Beschäftigtenabbau in allen Wirtschaftszweigen weitaus geringer. Im Gegensatz zur Produktion verstärkte sich im Durchschnitt des verarbeitenden Gewerbes der Beschäftigtenrückgang im zweiten Halbjahr 1991. Auf weniger als die Hälfte wurde die Beschäftigung bei den Verbrauchsgüterproduzenten, insbesondere dem Textilgewerbe (33 vH) und dem Nahrungs- und Genußmittelgewerbe, reduziert. Während in diesem Bereich der Beschäftigtenabbau bereits in der ersten Hälfte des Jahres 1991 erfolgte, reduzierten die Investitionsgüterhersteller die Zahl der Arbeitskräfte überwiegend erst im Verlauf des zweites Halbjahres. Hierzu dürften die bis zum Sommer 1991 geltenden Kündigungsschutzregelungen in der metallverarbeitenden Industrie erheblich beigetragen haben.

Alle Branchen mit über dem Durchschnitt liegendem Produktionsrückgang in diesem Bereich haben ihre Beschäftigung lediglich unterdurchschnittlich stark abgebaut. Desgleichen haben Branchen mit geringem Produktionsrückgang die Beschäftigung vergleichsweise wenig abgebaut. Umgekehrt haben im ersten Halbjahr 1991 nur wenige Branchen, die einen kräftigen Produktionsrückgang hinnehmen mußten, auch die Beschäftigung überdurchschnittlich reduziert. Auf diese Weise entstanden beträchtliche Beschäftigtenüberhänge, die teilweise jedoch bereits in der zweiten Jahreshälfte abgebaut wurden. Auffällig ist vor allem der geringe Rückgang der Beschäftigtenzahlen in der Steine und Erden-Industrie, bei den Gießereien und der Holzverarbeitung.

Nach der Umstellung auf die D-Mark sind eine Reihe der für einen schnellen Anstieg der Arbeitsproduktivität erforderlichen Maßnahmen[28], wie der Abbau betriebsfremder Tätigkeiten, Ausgliederung von Unternehmensteilen und Entlassungen in Angriff genommen worden. Mit dem Zugang der ostdeutschen Betriebe zum Weltmarkt verloren zuvor produktivitätshemmende Materialbeschaffungsprobleme fast jede Bedeutung. Dennoch ist die Produktion der ostdeutschen Industriebetriebe bezogen auf die Zahl der Beschäftigten, stark zurückgegangen: gegenüber dem Wert von 1989 halbierte sich die die rechnerische Produktivität je Beschäftigten im verarbeitenden Gewerbe im Durchschnitt des ersten Halbjahres 1991.

Es wäre allerdings verfehlt, die Gründe hierfür in der Leistungsfähigkeit des Produktionsapparates zu suchen. Daß im Zusammenhang mit dieser Entwicklung weniger effiziente Produktionstechniken eingesetzt worden sind, ist kaum zu begründen. Im Gegenteil, bei Stillegung unproduktiver Produktionsprozesse dürfte die durchschnittliche Leistungsfähigkeit der verbliebenen Anlagen sogar noch gestiegen sein. Mit den bestehenden Anlagen sowie den in den Betrieben noch verbliebenen Beschäftigten könnten die Unternehmen somit wesentlich mehr produzieren, wenn entsprechende Nachfrage vorhanden wäre. Die potentielle Arbeitsproduktivität der ostdeutschen Wirtschaft ist heute, bei allerdings wesentlich niedrigerem Niveau des Produktionspotentials, höher als vor der Währungsunion: Viele Unternehmen haben auf unzureichenden Absatz ihrer Produkte nur zum Teil mit Entlassungen reagiert. In großem Umfang wurde für die Beschäftigten Kurzarbeit angemeldet.

Die durchschnittliche jährliche Arbeitszeit (tatsächliche Arbeitszeit zuzüglich Überstunden) lag 1989 im verarbeitenden Gewerbe bei gut 1 700 Stunden je Beschäftigten. Im ersten Halbjahr 1991 betrug die durchschnittliche Arbeitszeit in-

---

[28] Vgl. Bernd Görzig und Martin Gornig: Produktivität und Wettbewerbsfähigkeit der DDR-Wirtschaft, Beiträge zur Strukturforschung, Heft 121, Berlin 1991.

Tabelle 5/2

Die Entwicklung der durchschnittlichen Arbeitszeit in Ostdeutschland

	Arbeitsvolumen (1) je Beschäftigten							
	in Stunden				Entwicklung (2) (1989 = 100)			
	1989	1990	1991		1989	1990	1991	
		1. Halbjahr		2. Halbj.		1. Halbjahr		2. Halbj.
Mineralölverarbeitung	1 761	878	804	742	100	100	91	84
Steine und Erden	1 787	877	614	697	100	98	69	78
Eisenschaffende Industrie	1 675	828	610	613	100	99	73	73
Eisen- und Stahlgießereien	1 774	872	533	552	100	98	60	62
Chem. Ind., Spalt-, Brutstoffe	1 696	845	653	626	100	100	77	74
Restl. Grundstoffgewerbe	1 813	878	587	648	100	97	65	72
Stahlbau	1 790	872	718	779	100	97	80	87
Maschinenbau	1 755	870	556	611	100	99	63	70
Straßenfahrzeugbau	1 782	869	502	568	100	98	56	64
Elektrotechnik	1 699	846	505	535	100	100	60	63
Feinmechanik, Optik	1 679	751	454	368	100	89	54	44
Büromaschinen, ADV	1 666	890	454	359	100	107	55	43
Restl. Investitionsgütergewerbe	1 801	874	532	581	100	97	59	65
Holzverarbeitung	1 739	844	672	690	100	97	77	79
Druckerei	1 659	679	747	719	100	82	90	87
Textilgewerbe	1 635	802	473	486	100	98	58	59
Restl. Verbrauchsgütergewerbe	1 620	795	557	569	100	98	69	70
Nahrungs- und Genußmittelherst.	1 814	869	730	779	100	96	80	86
Verarbeitendes Gewerbe	1 726	846	578	612	100	98	67	71
Grundstoffprod. Gewerbe	1 741	858	623	639	100	99	72	73
Invest.-Güterprod. Gewerbe	1 742	859	542	585	100	99	62	67
Verbrauchsgüterprod. Gewerbe	1 642	799	561	579	100	97	68	71

(1) Tatsächliche Arbeitszeit zuzüglich Überstunden in 1989 und 1990; Arbeiterstunden in Betrieben in 1991.- (2) Auf gleiche Zeitabschnitte normiert.

Quellen: Statistisches Bundesamt, Gemeinsames Statistisches Amt der neuen Länder, Berechnungen des DIW.

folge der von fast allen Betrieben in Anspruch genommenen Kurzarbeiterregelung etwa 580 Stunden. Auf das Jahr umgerechnet sind das knapp 70 vH der Basiszeit, bei allerdings deutlicher Differenzierung in den einzelnen Wirtschaftszweigen. Gering war der Rückgang überwiegend in Branchen mit unterdurchschnittlicher Produktionseinschränkung. Lediglich der Straßenfahrzeugbau hat bei vergleichsweise geringem Produktionsrückgang den Arbeitseinsatz sehr viel stärker durch Kurzarbeit als durch Freisetzungen reduziert. Überdurchschnittlich ging die Arbeitszeit in den Wirtschaftszweigen des Investitionsgütergewerbes zurück. Deutlich zu erkennen ist, daß die Unternehmen zunächst stärker mit Veränderungen der Arbeitszeit, als durch Beschäftigtenabbau reagierten. Dies ist sicher auch im Zusammenhang mit den Kündigungsschutzabkommen zu sehen. Bereits im zweiten Halbjahr 1991 nahm die durchschnittliche Arbeitszeit bei verstärktem Beschäftigtenabbau wieder leicht zu.

Betrachtet man die Entwicklung der Produktion in den Branchen Ostdeutschlands bezogen auf die Beschäftigtenstunden, so zeigt sich für den Durchschnitt des verarbeitenden Gewerbes, daß das Niveau von 1989 bereits im zweiten Halbjahr 1991 wieder erreicht werden konnte. Einige Wirtschaftszweige, deren Produktion eher günstig verlief, konnten bereits 1991 durch zusätzliche Freisetzungen und die Einführung von Kurzarbeit ihre Produktivität gegenüber 1989 erhöhen (Straßenfahrzeugbau, Druckereigewerbe, Mineralölverarbeitung, Stahlbau). Das Textilgewerbe erreichte eine besonders günstige Produktivitätssteigerung - vor allem durch Freisetzungen und eine erhebliche Verringerung der durchschnittlichen Arbeitszeit. Der starke Rückgang der durchschnittlichen Arbeitszeit in der feinmechanischen und optischen Industrie reichte jedoch nicht aus, den sehr viel stärkeren Produktionsrückgang zu kompensieren. Die Arbeitsstundenproduktivität ging kräftig zurück. Auffällig ist, daß Branchen, die schon vor der Währungsunion bei teilsweise geöffneten Märkten Produktionseinbußen hinnehmen mußten, wie die Nahrungs- und Genußmittelbranche und einige Verbrauchsgüterindustrien, in der ersten Hälfte des Jahres 1991 das Produk-tivitätsniveau (je Stunde) von 1989 fast

Tabelle 5/3

Die Entwicklung der Arbeitsproduktivität in Ostdeutschland

	Produktion je Beschäftigten					Produktion je Beschäftigtenstunde				
	Entwicklung (1989 = 100)									
	1989	1990		1991		1989	1990		1991	
		1. Halbj.	2. Halbj.	1. Halbj.	2. Halbj.		1. Halbj.	2. Halbj.	1. Halbj.	2. Halbj.
Mineralölverarbeitung	100	91	61	79	112	100	91	.	87	133
Steine und Erden	100	100	48	28	52	100	102	.	41	66
Eisenschaffende Industrie	100	97	55	62	66	100	98	.	85	90
Eisen- und Stahlgießereien	100	100	58	35	38	100	102	.	58	60
Chem. Ind., Spalt-, Brutstoffe	100	95	63	57	88	100	95	.	74	120
Restl. Grundstoffgewerbe	100	98	43	43	59	100	102	.	67	83
Stahlbau	100	106	89	71	104	100	109	.	89	120
Maschinenbau	100	106	78	43	63	100	107	.	69	91
Straßenfahrzeugbau	100	100	81	76	100	100	103	.	135	156
Elektrotechnik	100	104	72	38	55	100	104	.	63	87
Feinmechanik, Optik	100	84	48	16	13	100	94	.	30	29
Büromaschinen, ADV	100	114	62	28	23	100	107	.	51	54
Restl. Investitionsgütergewerbe	100	106	64	55	72	100	109	.	94	112
Holzverarbeitung	100	107	57	46	59	100	111	.	60	74
Druckerei	100	128	92	98	126	100	156	.	109	145
Textilgewerbe	100	97	60	70	90	100	99	.	121	152
Restl. Verbrauchsgütergewerbe	100	99	70	46	64	100	101	.	67	91
Nahrungs- und Genußmittelherst.	100	95	58	66	82	100	100	.	83	95
Verarbeitendes Gewerbe	100	99	65	50	71	100	101		75	100
Grundstoffprod. Gewerbe	100	97	55	49	73	100	99	.	69	99
Invest.-Güterprod. Gewerbe	100	104	75	46	65	100	106	.	73	97
Verbrauchsgüterprod. Gewerbe	100	100	66	61	85	100	103	.	89	121

Quelle: Berechnungen des DIW.

erreicht oder zum Teil sogar überschritten haben. Hier hat offenbar der Anpassungsdruck des Wettbewerbs bereits erste Früchte getragen.

Es ist normal, daß Unternehmen bei nachfragebedingten Rückgängen der Produktion nicht im gleichen Umfang mit einem Beschäftigtenabbau reagieren. Je anspruchsvoller das Produkt und je qualifizierter die zu seiner Herstellung eingesetzten Arbeitskräfte, desto geringer sind bei Nachfrage- und Produktionsschwankungen Veränderungen des Beschäftigungsstandes in den Unternehmen; Arbeitskräfte werden durchgehalten. Dieses Verhalten der Unternehmen läßt sich mit den unterschiedlichen Einarbeitungs- und Suchkosten erklären, die bei einer hohen Fluktuation der Beschäftigten entstehen.

Aus dieser Sicht ist die Entwicklung in Ostdeutschland nicht ungewöhnlich. Die Unternehmen haben Arbeitskräfte in dem Maße abgebaut, deren Arbeitsplätze auch bei Vollauslastung nicht mehr rentabel wären. Für die verbleibenden Arbeitskräfte wurde die Arbeitszeit reduziert, so daß bei einer Nachfragesteigerung die vorhandenen Anlagen wieder stärker genutzt werden können. Anfangs wurde dieses Verhalten durch die Regelungen zur Kurzarbeit begünstigt: Die Kosten für das Durchhalten von nur teilweise beschäftigten Arbeitskräften wurden überwiegend vom Staat getragen wurden.

Nimmt man daher an, daß die Unternehmen Ostdeutschlands ihre Beschäftigtenzahl lediglich soweit reduziert haben, wie Arbeitsplätze mit den unrentablen Anlagen wegfielen, so wäre die Zahl der Beschäftigten Indikator für die Entwicklung des Produktionspotentials. Im ersten Halbjahr 1991 dürfte danach das Produktionspotential im verarbeitenden Gewerbe um ein Drittel zurückgegangen sein. Gegen Ende des Jahres 1991 betrug das Produktionspotential Ostdeutschlands bereits weniger als 50 vH des Ausgangswertes von 1989. Da der Rückgang der Produktion noch stärker ausfiel, wäre die Kapazitätsauslastung im verarbeitenden Gewerbe Ostdeutschlands im Durchschnitt des Jahres 1991 mit weniger als 60 vH anzusetzen.

Die Auslastung ist höher anzusetzen, wenn das Produktionspotential rascher abgebaut wurde als die Beschäftigung. Dies wäre der Fall, wenn Arbeitskräfte nicht nur aus betriebswirtschaftlichen Gründen durchgehalten wurden. So spricht einiges dafür, daß insbesondere in den metallverarbeitenden Zweigen die noch zu DDR-Zeiten vereinbarten Kündigungsschutzabkommen den Beschäftigtenabbau gebremst haben. Insbesondere dort, wo mangelnde Umsatzerträge durch die Treuhand ausgeglichen wurden, verringerte sich der Druck, Arbeitskräften zu kündigen.

Schätzungen der Entwicklung des ostdeutschen Produktionspotentials, die sich allein an der Zahl der abgebauten Arbeitskräfte orientieren, markieren daher eher eine Obergrenze. Zudem ist mit einem weiteren Rückgang des Produktionspotentials zu rechnen. Kräftige Lohnkostensteigerungen und der Abbau von Subventionen werden den Einsatz noch nutzbarer Produktionsanlagen unrentabel machen. Neue rentable Kapazitäten sind vielfach noch von untergeordneter Bedeutung. Legt man die Unternehmensbefragung[29] des DIW zugrunde, so signalisiert der bis zum Jahresende von den Unternehmen geplante Beschäftigungsrückgang um mehr als 35 vH einen weiteren Kapazitätsabbau im Durchschnitt des verarbeitenden Gewerbes.

Demgegenüber ist aber auch zu berücksichtigen, daß auf Grund von Kostensteigerungen vor allem Anlagen und damit Arbeitsplätze wegfallen, deren Arbeitsproduktivität unterdurchschnittlich ist. Von daher dürfte die Verringerung des Produktionspotential geringer einzuschätzen sein, als es der Verminderung der Beschäftigtenzahlen entspricht. Zudem wird die Arbeitsproduktivität im Durchschnitt der noch nutzbaren Anlagen gesteigert.

Zusammenfassend läßt sich sagen, daß das in Ostdeutschland rentabel zu nutzende Produktionspotential nicht nur stark geschrumpft ist, sondern darüber hinaus auch die verbliebenen Kapazitäten im verarbeitenden Gewerbe bei weitem nicht ausgelastet sind, wodurch rasche Produktionssteigerungen möglich sind. Hierfür spricht auch die in der DIW-Umfrage geäußerte Absicht der Unternehmen, in diesem Jahr ihre Umsätze um 30 vH zu steigern.

---

[29] Gesamtwirtschaftliche und unternehmerische Anpassungsprozesse in Ostdeutschland, Dritter Bericht. In: Wochenbericht des DIW, Nr. 39-40/91, S. 563.

Beschäftigte

Ostdeutschland

in 1 000 Personen

	1980	1981	1982	1983	1984	1985
Grundstoffproduzierendes Gewerbe	604	607	605	601	603	602
Mineralölverarbeitung	27	26	26	26	26	26
Steine und Erden	87	86	84	84	85	85
Eisenschaffende Industrie	83	88	88	87	86	87
Gießereien	48	49	48	46	46	47
Chem. Ind., Spalt-, Brutstoffe	226	225	226	225	225	223
Sonst. Grundstoffprod.	134	134	134	132	135	134
Investitionsgüterprod. Gewerbe	1 320	1 329	1 341	1 359	1 372	1 385
Stahlbau	112	107	107	108	111	112
Maschinenbau	473	484	491	516	519	535
Straßenfahrzeugbau	154	154	151	138	137	131
Elektrotechnik	354	359	365	369	375	379
Feinmechanik, Optik	57	58	63	64	64	64
Büromaschinen. ADV	52	50	46	46	48	48
Sonst. Investitionsgüterprod.	118	117	118	117	117	117
Verbrauchsgüterprod. Gewerbe	681	676	675	671	673	668
Holzverarbeitung	88	88	89	90	94	94
Druckerei	31	31	30	29	29	29
Textilgewerbe	220	216	214	209	211	209
Sonst. Verbrauchsgüterprod.	343	341	341	343	339	336
Nahrungs- und Genußmittelherst.	259	260	261	262	259	259
Verarbeitendes Gewerbe	2 864	2 872	2 881	2 892	2 907	2 915

Employees
Eastgermany
thousands

1986	1987	1988	1989	1990	1991	
596	591	588	582	516	341	Manufacture of basic products
25	24	24	24	22	16	Mineral oil refining
86	85	84	83	77	54	Stones and earths
87	86	86	85	76	51	Iron and steel industry
46	46	47	46	41	29	Foundries
221	219	216	214	188	123	Chemical industry
132	131	131	130	112	68	Other basic products
1 386	1 376	1 375	1 359	1 199	845	Manufacture of capital goods
114	114	115	113	102	89	Structural metal products
534	531	531	523	450	311	Mechanical engineering
127	126	126	125	119	80	Manufacture of road vehicles
382	379	377	374	328	212	Electrical engineering
67	66	60	60	59	45	Precision and optical instruments
46	45	48	47	39	27	Office machinery. data proc. equip.
117	116	118	116	103	81	Other capital goods
657	654	658	650	532	315	Manufacture of consumer goods
92	91	90	89	71	48	Manufacture of wood products
29	28	28	27	23	21	Printing and duplicating
207	205	205	203	167	85	Textile industry
330	330	335	331	271	161	Other consumer goods
258	257	258	256	210	133	Food, beverage and tobacco industry
2 897	2 879	2 879	2 847	2 456	1 634	Total manufacturing

Beschäftigte

Ostdeutschland

Veränderungen gegenüber dem Vorjahr in vH

	1981	1982	1983	1984	1985	1986
Grundstoffproduzierendes Gewerbe	0,4	-0,3	-0,7	0,4	-0,1	-1,1
Mineralölverarbeitung	-2,6	-0,5	-0,5	-0,3	1,7	-6,2
Steine und Erden	-1,0	-2,0	0,4	1,0	0,1	0,7
Eisenschaffende Industrie	6,0	-0,0	-0,8	-0,4	0,5	-0,2
Gießereien	1,1	-2,7	-2,2	-1,0	1,8	-1,7
Chem. Ind., Spalt-, Brutstoffe	-0,7	0,5	-0,3	-0,1	-0,7	-0,9
Sonst. Grundstoffprod.	0,0	0,1	-1,4	2,0	-0,6	-1,7
Investitionsgüterprod. Gewerbe	0,7	0,9	1,4	0,9	1,0	0,1
Stahlbau	-4,6	-0,2	1,1	2,6	1,4	1,2
Maschinenbau	2,4	1,4	5,1	0,6	3,0	-0,2
Straßenfahrzeugbau	-0,1	-2,4	-8,1	-1,2	-4,2	-2,9
Elektrotechnik	1,4	1,7	1,1	1,7	0,9	1,0
Feinmechanik, Optik	2,6	8,8	1,0	0,7	-0,8	4,4
Büromaschinen, ADV	-4,9	-7,0	-0,1	4,9	-0,4	-5,0
Sonst. Investitionsgüterprod.	-0,4	0,7	-0,6	-0,0	-0,8	0,5
Verbrauchsgüterprod. Gewerbe	-0,8	-0,2	-0,6	0,4	-0,8	-1,6
Holzverarbeitung	0,8	1,4	0,7	4,9	-0,3	-2,1
Druckerei	-0,7	-0,5	-2,9	-1,4	0,1	-1,2
Textilgewerbe	-1,8	-1,0	-2,4	1,0	-0,8	-1,1
Sonst. Verbrauchsgüterprod.	-0,5	-0,0	0,4	-1,0	-1,1	-1,7
Nahrungs- und Genußmittelherst.	0,7	0,3	0,3	-1,1	0,2	-0,6
Verarbeitendes Gewerbe	0,3	0,3	0,4	0,5	0,3	-0,6

Employees

Eastgermany

% change on previous year

1987	1988	1989	1990	1991	
-0,8	-0,5	-1,1	-11,4	-33,9	Manufacture of basic products
-1,9	-1,1	-1,1	-6,8	-25,6	Mineral oil refining
-1,0	-1,3	-0,9	-7,2	-29,5	Stones and earths
-0,5	-0,1	-1,1	-11,4	-32,1	Iron and steel industry
-1,0	2,9	-1,5	-11,1	-29,9	Foundries
-0,9	-1,3	-1,1	-12,0	-35,0	Chemical industry
-0,5	-0,0	-0,9	-13,9	-39,5	Other basic products
-0,7	-0,1	-1,2	-11,7	-29,5	Manufacture of capital goods
-0,2	0,9	-1,4	-10,1	-12,5	Structural metal products
-0,6	0,1	-1,5	-14,1	-30,9	Mechanical engineering
-0,8	-0,2	-0,8	-4,5	-32,5	Manufacture of road vehicles
-0,9	-0,5	-0,6	-12,5	-35,3	Electrical engineering
-1,3	-7,9	-1,2	-1,9	-23,3	Precision and optical instruments
-0,7	4,9	-1,4	-17,0	-30,2	Office machinery. data proc. equip.
-0,9	1,5	-1,3	-11,1	-21,8	Other capital goods
-0,5	0,6	-1,2	-18,2	-40,7	Manufacture of consumer goods
-0,8	-1,0	-1,3	-20,8	-32,2	Manufacture of wood products
-1,2	-2,6	-1,8	-14,2	-9,1	Printing and duplicating
-0,8	-0,2	-0,9	-17,8	-48,9	Textile industry
-0,1	1,8	-1,3	-18,1	-40,5	Other consumer goods
-0,3	0,5	-0,7	-18,2	-36,8	Food, beverage and tobacco industry
-0,6	0,0	-1,1	-13,7	-33,5	Total manufacturing

Beschäftigte

Ostdeutschland

Index 1989 = 100

	1980	1981	1982	1983	1984	1985
Grundstoffproduzierendes Gewerbe	103,9	104,3	103,9	103,2	103,6	103,5
Mineralölverarbeitung	113,6	110,6	110,1	109,5	109,1	111,0
Steine und Erden	104,2	103,2	101,0	101,4	102,5	102,6
Eisenschaffende Industrie	96,9	102,7	102,7	101,8	101,4	101,9
Gießereien	104,6	105,7	102,8	100,6	99,6	101,4
Chem. Ind., Spalt-, Brutstoffe	105,8	105,0	105,5	105,2	105,0	104,3
Sonst. Grundstoffprod.	103,1	103,1	103,3	101,9	103,9	103,2
Investitionsgüterprod. Gewerbe	97,1	97,8	98,7	100,0	101,0	101,9
Stahlbau	99,3	94,7	94,6	95,6	98,1	99,5
Maschinenbau	90,3	92,5	93,8	98,6	99,2	102,2
Straßenfahrzeugbau	123,6	123,5	120,5	110,8	109,4	104,8
Elektrotechnik	94,5	95,8	97,4	98,5	100,2	101,1
Feinmechanik, Optik	94,7	97,2	105,7	106,8	107,6	106,7
Büromaschinen, ADV	111,1	105,7	98,2	98,1	102,9	102,5
Sonst. Investitionsgüterprod.	101,3	100,9	101,6	101,0	100,9	100,2
Verbrauchsgüterprod. Gewerbe	104,7	103,9	103,7	103,1	103,6	102,7
Holzverarbeitung	98,1	98,8	100,2	100,8	105,8	105,5
Druckerei	113,3	112,5	111,9	108,7	107,2	107,3
Textilgewerbe	108,5	106,5	105,4	102,9	104,0	103,1
Sonst. Verbrauchsgüterprod.	103,5	103,0	103,0	103,5	102,4	101,3
Nahrungs- und Genußmittelherst.	100,9	101,6	101,9	102,2	101,1	101,3
Verarbeitendes Gewerbe	100,6	100,9	101,2	101,6	102,1	102,4

Employees

Eastgermany

1989 = 100

1986	1987	1988	1989	1990	1991	
102,4	101,6	101,1	100,0	88,6	58,6	Manufacture of basic products
104,1	102,2	101,1	100,0	93,2	69,4	Mineral oil refining
103,3	102,2	100,9	100,0	92,8	65,4	Stones and earths
101,7	101,2	101,1	100,0	88,6	60,2	Iron and steel industry
99,6	98,7	101,5	100,0	88,9	62,3	Foundries
103,4	102,5	101,1	100,0	88,0	57,3	Chemical industry
101,5	101,0	100,9	100,0	86,1	52,1	Other basic products
102,0	101,3	101,2	100,0	88,3	62,2	Manufacture of capital goods
100,7	100,5	101,4	100,0	89,9	78,7	Structural metal products
102,0	101,4	101,5	100,0	85,9	59,4	Mechanical engineering
101,8	101,0	100,8	100,0	95,5	64,4	Manufacture of road vehicles
102,1	101,2	100,7	100,0	87,5	56,6	Electrical engineering
111,4	110,0	101,3	100,0	98,1	75,3	Precision and optical instruments
97,3	96,6	101,4	100,0	83,0	57,9	Office machinery. data proc. equip.
100,7	99,7	101,3	100,0	88,9	69,5	Other capital goods
101,1	100,6	101,2	100,0	81,8	48,5	Manufacture of consumer goods
103,2	102,4	101,4	100,0	79,2	53,7	Manufacture of wood products
106,0	104,6	101,9	100,0	85,8	78,0	Printing and duplicating
101,9	101,1	100,9	100,0	82,2	42,0	Textile industry
99,6	99,5	101,3	100,0	81,9	48,7	Other consumer goods
100,6	100,3	100,7	100,0	81,8	51,7	Food, beverage and tobacco industry
101,8	101,1	101,1	100,0	86,3	57,4	Total manufacturing

Beschäftigte

Ostdeutschland

Struktur in vH

	1980	1981	1982	1983	1984	1985
Grundstoffproduzierendes Gewerbe	21,1	21,1	21,0	20,8	20,7	20,7
Mineralölverarbeitung	0,9	0,9	0,9	0,9	0,9	0,9
Steine und Erden	3,0	3,0	2,9	2,9	2,9	2,9
Eisenschaffende Industrie	2,9	3,0	3,0	3,0	3,0	3,0
Gießereien	1,7	1,7	1,6	1,6	1,6	1,6
Chem. Ind., Spalt-, Brutstoffe	7,9	7,8	7,8	7,8	7,7	7,7
Sonst. Grundstoffprod.	4,7	4,7	4,6	4,6	4,6	4,6
Investitionsgüterprod. Gewerbe	46,1	46,3	46,5	47,0	47,2	47,5
Stahlbau	3,9	3,7	3,7	3,7	3,8	3,9
Maschinenbau	16,5	16,9	17,0	17,8	17,9	18,3
Straßenfahrzeugbau	5,4	5,4	5,2	4,8	4,7	4,5
Elektrotechnik	12,4	12,5	12,7	12,8	12,9	13,0
Feinmechanik, Optik	2,0	2,0	2,2	2,2	2,2	2,2
Büromaschinen, ADV	1,8	1,7	1,6	1,6	1,7	1,7
Sonst. Investitionsgüterprod.	4,1	4,1	4,1	4,1	4,0	4,0
Verbrauchsgüterprod. Gewerbe	23,8	23,5	23,4	23,2	23,2	22,9
Holzverarbeitung	3,1	3,1	3,1	3,1	3,2	3,2
Druckerei	1,1	1,1	1,1	1,0	1,0	1,0
Textilgewerbe	7,7	7,5	7,4	7,2	7,3	7,2
Sonst. Verbrauchsgüterprod.	12,0	11,9	11,8	11,8	11,7	11,5
Nahrungs- und Genußmittelherst.	9,0	9,1	9,1	9,1	8,9	8,9
Verarbeitendes Gewerbe	100,0	100,0	100,0	100,0	100,0	100,0

Employees

Eastgermany

% share

1986	1987	1988	1989	1990	1991	
20,6	20,5	20,4	20,4	21,0	20,9	Manufacture of basic products
0,8	0,8	0,8	0,8	0,9	1,0	Mineral oil refining
3,0	2,9	2,9	2,9	3,1	3,3	Stones and earths
3,0	3,0	3,0	3,0	3,1	3,1	Iron and steel industry
1,6	1,6	1,6	1,6	1,7	1,8	Foundries
7,6	7,6	7,5	7,5	7,7	7,5	Chemical industry
4,5	4,5	4,5	4,6	4,5	4,1	Other basic products
47,8	47,8	47,8	47,7	48,8	51,7	Manufacture of capital goods
3,9	3,9	4,0	4,0	4,1	5,4	Structural metal products
18,4	18,4	18,5	18,4	18,3	19,0	Mechanical engineering
4,4	4,4	4,4	4,4	4,9	4,9	Manufacture of road vehicles
13,2	13,2	13,1	13,2	13,3	13,0	Electrical engineering
2,3	2,3	2,1	2,1	2,4	2,8	Precision and optical instruments
1,6	1,6	1,7	1,7	1,6	1,7	Office machinery, data proc. equip.
4,0	4,0	4,1	4,1	4,2	4,9	Other capital goods
22,7	22,7	22,9	22,8	21,6	19,3	Manufacture of consumer goods
3,2	3,2	3,1	3,1	2,9	2,9	Manufacture of wood products
1,0	1,0	1,0	1,0	0,9	1,3	Printing and duplicating
7,1	7,1	7,1	7,1	6,8	5,2	Textile industry
11,4	11,4	11,6	11,6	11,0	9,9	Other consumer goods
8,9	8,9	9,0	9,0	8,5	8,1	Food, beverage and tobacco industry
100,0	100,0	100,0	100,0	100,0	100,0	Total manufacturing

Beschäftigtenstunden
Ostdeutschland
in Mill. Stunden

	1980	1981	1982	1983	1984	1985
Grundstoffproduzierendes Gewerbe	1 038	1 042	1 044	1 040	1 047	1 037
Mineralölverarbeitung	45	44	44	44	44	45
Steine und Erden	156	154	152	151	153	152
Eisenschaffende Industrie	143	151	151	150	150	149
Gießereien	83	84	82	81	81	81
Chem. Ind., Spalt-, Brutstoffe	380	382	385	385	386	380
Sonst. Grundstoffprod.	230	228	232	229	234	230
Investitionsgüterprod. Gewerbe	2 321	2 349	2 410	2 393	2 420	2 414
Stahlbau	196	188	194	193	199	200
Maschinenbau	871	896	925	920	926	943
Straßenfahrzeugbau	260	260	261	247	244	230
Elektrotechnik	603	615	632	633	646	644
Feinmechanik, Optik	96	99	109	109	111	109
Büromaschinen, ADV	88	84	79	79	83	81
Sonst. Investitionsgüterprod.	206	206	211	210	211	207
Verbrauchsgüterprod. Gewerbe	1 079	1 088	1 112	1 113	1 121	1 100
Holzverarbeitung	162	148	158	158	166	163
Druckerei	49	49	49	50	49	49
Textilgewerbe	337	339	343	343	347	340
Sonst. Verbrauchsgüterprod.	531	551	561	562	559	547
Nahrungs- und Genußmittelherst.	480	472	470	470	466	462
Verarbeitendes Gewerbe	4 918	4 951	5 036	5 015	5 054	5 013

Hours Worked

Eastgermany

millions

1986	1987	1988	1989	1990	1991	
1 023	1 024	1 015	1 013	792	430	Manufacture of basic products
42	41	40	41	37	25	Mineral oil refining
152	153	152	148	119	71	Stones and earths
148	149	147	143	112	63	Iron and steel industry
80	80	79	82	61	31	Foundries
373	375	370	363	291	157	Chemical industry
228	228	226	235	171	83	Other basic products
2 421	2 421	2 411	2 367	1 766	947	Manufacture of capital goods
201	205	205	202	165	133	Structural metal products
951	943	946	918	674	360	Mechanical engineering
228	223	224	223	173	85	Manufacture of road vehicles
649	651	649	636	470	219	Electrical engineering
106	113	104	100	74	37	Precision and optical instruments
77	78	77	78	56	23	Office machinery, data proc. equip.
208	208	205	210	154	89	Other capital goods
1 086	1 088	1 092	1 068	756	359	Manufacture of consumer goods
162	162	158	155	110	65	Manufacture of wood products
48	47	46	45	33	31	Printing and duplicating
338	337	336	332	228	81	Textile industry
539	542	551	536	384	181	Other consumer goods
461	464	464	465	343	199	Food, beverage and tobacco industry
4 991	4 997	4 982	4 913	3 657	1 935	Total manufacturing

Beschäftigtenstunden

Ostdeutschland

Veränderungen gegenüber dem Vorjahr in vH

	1981	1982	1983	1984	1985	1986
Grundstoffproduzierendes Gewerbe	0,5	0,2	-0,4	0,7	-1,0	-1,3
Mineralölverarbeitung	-3,3	0,2	-0,1	0,7	2,1	-7,0
Steine und Erden	-1,0	-1,8	-0,1	1,2	-0,8	0,1
Eisenschaffende Industrie	5,7	-0,1	-1,1	0,2	-0,6	-0,9
Gießereien	1,1	-2,8	-0,2	-0,8	0,7	-1,6
Chem. Ind., Spalt-, Brutstoffe	0,3	0,8	0,0	0,3	-1,5	-1,7
Sonst. Grundstoffprod.	-1,1	1,8	-1,1	2,1	-1,7	-0,7
Investitionsgüterprod. Gewerbe	1,2	2,6	-0,7	1,1	-0,3	0,3
Stahlbau	-3,8	2,8	-0,2	3,1	0,4	0,6
Maschinenbau	3,0	3,1	-0,4	0,6	1,9	0,9
Straßenfahrzeugbau	0,0	0,2	-5,1	-1,3	-5,8	-0,9
Elektrotechnik	1,9	2,9	0,2	2,1	-0,4	0,8
Feinmechanik, Optik	2,8	10,2	0,2	1,2	-2,0	-1,9
Büromaschinen, ADV	-5,0	-6,5	0,1	5,3	-1,8	-4,8
Sonst. Investitionsgüterprod.	-0,0	2,2	-0,2	0,3	-1,8	0,3
Verbrauchsgüterprod. Gewerbe	0,8	2,2	0,1	0,8	-1,9	-1,2
Holzverarbeitung	-8,5	6,7	-0,2	4,9	-1,3	-1,1
Druckerei	-0,0	0,0	0,3	-1,1	-0,9	-0,8
Textilgewerbe	0,5	1,1	0,0	1,3	-2,0	-0,8
Sonst. Verbrauchsgüterprod.	3,8	1,9	0,2	-0,5	-2,1	-1,6
Nahrungs- und Genußmittelherst.	-1,6	-0,4	-0,1	-0,8	-0,7	-0,4
Verarbeitendes Gewerbe	0,7	1,7	-0,4	0,8	-0,8	-0,4

Hours Worked

Eastgermany

% change on previous year

1987	1988	1989	1990	1991	
0,1	-0,9	-0,2	-21,8	-45,7	Manufacture of basic products
-2,1	-1,1	2,8	-10,2	-31,8	Mineral oil refining
0,5	-0,7	-2,3	-19,5	-40,9	Stones and earths
0,8	-0,8	-3,2	-21,2	-44,2	Iron and steel industry
-0,4	-1,0	3,9	-25,6	-48,9	Foundries
0,4	-1,2	-1,8	-20,0	-45,9	Chemical industry
-0,2	-0,5	3,8	-27,2	-51,7	Other basic products
-0,0	-0,4	-1,8	-25,4	-46,4	Manufacture of capital goods
1,9	0,1	-1,4	-18,4	-19,4	Structural metal products
-0,9	0,3	-3,0	-26,6	-46,6	Mechanical engineering
-1,9	0,3	-0,6	-22,3	-50,7	Manufacture of road vehicles
0,3	-0,3	-2,0	-26,1	-53,3	Electrical engineering
5,9	-7,6	-3,7	-26,6	-49,2	Precision and optical instruments
0,3	-0,2	1,2	-28,0	-60,0	Office machinery. data proc. equip.
0,2	-1,4	2,1	-26,7	-41,7	Other capital goods
0,1	0,4	-2,2	-29,2	-52,5	Manufacture of consumer goods
0,1	-2,1	-2,1	-28,8	-41,0	Manufacture of wood products
-1,3	-2,7	-2,5	-27,0	-5,6	Printing and duplicating
-0,2	-0,3	-1,3	-31,1	-64,3	Textile industry
0,5	1,8	-2,7	-28,3	-52,8	Other consumer goods
0,7	0,0	0,2	-26,1	-42,0	Food, beverage and tobacco industry
0,1	-0,3	-1,4	-25,6	-47,1	Total manufacturing

Beschäftigtenstunden

Ostdeutschland

Index 1989 = 100

	1980	1981	1982	1983	1984	1985
Grundstoffproduzierendes Gewerbe	102,4	102,9	103,1	102,7	103,4	102,4
Mineralölverarbeitung	108,7	105,0	105,2	105,1	105,8	108,1
Steine und Erden	105,1	104,1	102,2	102,1	103,3	102,4
Eisenschaffende Industrie	100,3	106,0	106,0	104,8	105,0	104,3
Gießereien	101,2	102,3	99,4	99,2	98,5	99,2
Chem. Ind., Spalt-, Brutstoffe	104,7	105,1	105,9	105,9	106,2	104,6
Sonst. Grundstoffprod.	97,8	96,8	98,6	97,5	99,5	97,8
Investitionsgüterprod. Gewerbe	98,0	99,2	101,8	101,1	102,2	102,0
Stahlbau	96,9	93,2	95,8	95,6	98,5	98,9
Maschinenbau	94,8	97,6	100,7	100,2	100,8	102,7
Straßenfahrzeugbau	116,8	116,8	117,1	111,1	109,6	103,3
Elektrotechnik	94,8	96,6	99,4	99,6	101,6	101,3
Feinmechanik, Optik	96,1	98,8	108,9	109,1	110,4	108,2
Büromaschinen, ADV	113,0	107,3	100,4	100,4	105,7	103,8
Sonst. Investitionsgüterprod.	98,4	98,4	100,6	100,3	100,7	98,8
Verbrauchsgüterprod. Gewerbe	101,1	101,9	104,1	104,2	105,0	103,0
Holzverarbeitung	104,5	95,6	102,0	101,8	106,8	105,4
Druckerei	109,6	109,6	109,7	110,0	108,8	107,8
Textilgewerbe	101,7	102,3	103,4	103,4	104,7	102,7
Sonst. Verbrauchsgüterprod.	99,0	102,7	104,7	104,9	104,3	102,1
Nahrungs- und Genußmittelherst.	103,2	101,6	101,2	101,0	100,2	99,5
Verarbeitendes Gewerbe	100,1	100,8	102,5	102,1	102,9	102,0

Hours Worked

Eastgermany

1989 = 100

1986	1987	1988	1989	1990	1991	
101,0	101,1	100,2	100,0	78,2	42,4	Manufacture of basic products
100,5	98,4	97,3	100,0	89,8	61,2	Mineral oil refining
102,6	103,1	102,4	100,0	80,5	47,5	Stones and earths
103,3	104,1	103,3	100,0	78,8	43,9	Iron and steel industry
97,6	97,2	96,3	100,0	74,4	38,0	Foundries
102,7	103,1	101,9	100,0	80,0	43,3	Chemical industry
97,1	96,8	96,3	100,0	72,8	35,2	Other basic products
102,3	102,3	101,9	100,0	74,6	40,0	Manufacture of capital goods
99,5	101,4	101,4	100,0	81,6	65,8	Structural metal products
103,6	102,7	103,1	100,0	73,4	39,2	Mechanical engineering
102,3	100,4	100,7	100,0	77,7	38,3	Manufacture of road vehicles
102,0	102,3	102,0	100,0	73,9	34,5	Electrical engineering
106,1	112,4	103,8	100,0	73,4	37,3	Precision and optical instruments
98,8	99,1	98,8	100,0	72,0	28,8	Office machinery, data proc. equip.
99,1	99,3	97,9	100,0	73,3	42,7	Other capital goods
101,7	101,9	102,2	100,0	70,8	33,6	Manufacture of consumer goods
104,3	104,4	102,1	100,0	71,2	42,0	Manufacture of wood products
106,9	105,5	102,6	100,0	73,0	68,9	Printing and duplicating
101,9	101,6	101,3	100,0	68,9	24,6	Textile industry
100,5	101,0	102,8	100,0	71,7	33,8	Other consumer goods
99,1	99,8	99,8	100,0	73,9	42,9	Food, beverage and tobacco industry
101,6	101,7	101,4	100,0	74,4	39,4	Total manufacturing

Beschäftigtenstunden

Ostdeutschland

Struktur in vH

	1980	1981	1982	1983	1984	1985
Grundstoffproduzierendes Gewerbe	21,1	21,1	20,7	20,7	20,7	20,7
Mineralölverarbeitung	0,9	0,9	0,9	0,9	0,9	0,9
Steine und Erden	3,2	3,1	3,0	3,0	3,0	3,0
Eisenschaffende Industrie	2,9	3,1	3,0	3,0	3,0	3,0
Gießereien	1,7	1,7	1,6	1,6	1,6	1,6
Chem. Ind., Spalt-, Brutstoffe	7,7	7,7	7,6	7,7	7,6	7,6
Sonst. Grundstoffprod.	4,7	4,6	4,6	4,6	4,6	4,6
Investitionsgüterprod. Gewerbe	47,2	47,4	47,9	47,7	47,9	48,1
Stahlbau	4,0	3,8	3,8	3,9	3,9	4,0
Maschinenbau	17,7	18,1	18,4	18,4	18,3	18,8
Straßenfahrzeugbau	5,3	5,3	5,2	4,9	4,8	4,6
Elektrotechnik	12,3	12,4	12,6	12,6	12,8	12,8
Feinmechanik, Optik	2,0	2,0	2,2	2,2	2,2	2,2
Büromaschinen, ADV	1,8	1,7	1,6	1,6	1,6	1,6
Sonst. Investitionsgüterprod.	4,2	4,2	4,2	4,2	4,2	4,1
Verbrauchsgüterprod. Gewerbe	21,9	22,0	22,1	22,2	22,2	21,9
Holzverarbeitung	3,3	3,0	3,1	3,1	3,3	3,3
Druckerei	1,0	1,0	1,0	1,0	1,0	1,0
Textilgewerbe	6,9	6,8	6,8	6,8	6,9	6,8
Sonst. Verbrauchsgüterprod.	10,8	11,1	11,1	11,2	11,1	10,9
Nahrungs- und Genußmittelherst.	9,8	9,5	9,3	9,4	9,2	9,2
Verarbeitendes Gewerbe	100,0	100,0	100,0	100,0	100,0	100,0

Hours Worked

Eastgermany

% share

1986	1987	1988	1989	1990	1991	
20,5	20,5	20,4	20,6	21,7	22,2	Manufacture of basic products
0,8	0,8	0,8	0,8	1,0	1,3	Mineral oil refining
3,0	3,1	3,0	3,0	3,3	3,6	Stones and earths
3,0	3,0	3,0	2,9	3,1	3,2	Iron and steel industry
1,6	1,6	1,6	1,7	1,7	1,6	Foundries
7,5	7,5	7,4	7,4	7,9	8,1	Chemical industry
4,6	4,6	4,5	4,8	4,7	4,3	Other basic products
48,5	48,4	48,4	48,2	48,3	48,9	Manufacture of capital goods
4,0	4,1	4,1	4,1	4,5	6,9	Structural metal products
19,1	18,9	19,0	18,7	18,4	18,6	Mechanical engineering
4,6	4,5	4,5	4,5	4,7	4,4	Manufacture of road vehicles
13,0	13,0	13,0	12,9	12,9	11,3	Electrical engineering
2,1	2,3	2,1	2,0	2,0	1,9	Precision and optical instruments
1,6	1,6	1,6	1,6	1,5	1,2	Office machinery. data proc. equip.
4,2	4,2	4,1	4,3	4,2	4,6	Other capital goods
21,8	21,8	21,9	21,7	20,7	18,6	Manufacture of consumer goods
3,2	3,2	3,2	3,2	3,0	3,4	Manufacture of wood products
1,0	0,9	0,9	0,9	0,9	1,6	Printing and duplicating
6,8	6,7	6,7	6,7	6,2	4,2	Textile industry
10,8	10,8	11,1	10,9	10,5	9,4	Other consumer goods
9,2	9,3	9,3	9,5	9,4	10,3	Food. beverage and tobacco industry
100,0	100,0	100,0	100,0	100,0	100,0	Total manufacturing

Durchschnittliche Jahresarbeitszeit

Ostdeutschland

in Stunden

	1980	1981	1982	1983	1984	1985
Grundstoffproduzierendes Gewerbe	1 717	1 718	1 727	1 731	1 737	1 721
Mineralölverarbeitung	1 684	1 672	1 683	1 690	1 708	1 716
Steine und Erden	1 802	1 804	1 808	1 798	1 800	1 784
Eisenschaffende Industrie	1 734	1 729	1 729	1 724	1 733	1 715
Gießereien	1 717	1 718	1 716	1 751	1 755	1 735
Chem. Ind., Spalt-, Brutstoffe	1 680	1 698	1 703	1 708	1 715	1 700
Sonst. Grundstoffprod.	1 721	1 702	1 730	1 735	1 737	1 717
Investitionsgüterprod. Gewerbe	1 759	1 767	1 797	1 761	1 764	1 743
Stahlbau	1 746	1 761	1 812	1 789	1 798	1 779
Maschinenbau	1 842	1 852	1 883	1 783	1 784	1 763
Straßenfahrzeugbau	1 684	1 686	1 731	1 787	1 785	1 756
Elektrotechnik	1 705	1 713	1 733	1 716	1 723	1 701
Feinmechanik. Optik	1 704	1 708	1 730	1 715	1 724	1 704
Büromaschinen. ADV	1 694	1 693	1 702	1 705	1 712	1 688
Sonst. Investitionsgüterprod.	1 751	1 757	1 783	1 790	1 796	1 777
Verbrauchsgüterprod. Gewerbe	1 585	1 610	1 648	1 659	1 665	1 647
Holzverarbeitung	1 852	1 683	1 771	1 755	1 756	1 737
Druckerei	1 605	1 617	1 625	1 679	1 685	1 667
Textilgewerbe	1 533	1 570	1 603	1 643	1 647	1 628
Sonst. Verbrauchsgüterprod.	1 548	1 615	1 646	1 642	1 649	1 632
Nahrungs- und Genußmittelherst.	1 856	1 815	1 802	1 794	1 798	1 782
Verarbeitendes Gewerbe	1 717	1 724	1 748	1 734	1 739	1 720

Hours Worked per Employee
Eastgermany

1986	1987	1988	1989	1990	1991	
1 716	1 733	1 726	1 741	1 536	1 260	Manufacture of basic products
1 700	1 696	1 695	1 761	1 696	1 553	Mineral oil refining
1 775	1 802	1 813	1 787	1 550	1 298	Stones and earths
1 703	1 724	1 711	1 675	1 489	1 223	Iron and steel industry
1 738	1 749	1 683	1 774	1 485	1 081	Foundries
1 686	1 707	1 709	1 696	1 543	1 282	Chemical industry
1 734	1 739	1 730	1 813	1 533	1 224	Other basic products
1 746	1 759	1 754	1 742	1 472	1 121	Manufacture of capital goods
1 769	1 806	1 791	1 790	1 624	1 495	Structural metal products
1 782	1 778	1 781	1 755	1 499	1 158	Mechanical engineering
1 792	1 771	1 779	1 782	1 451	1 059	Manufacture of road vehicles
1 698	1 718	1 722	1 699	1 434	1 035	Electrical engineering
1 600	1 716	1 722	1 679	1 257	832	Precision and optical instruments
1 692	1 708	1 625	1 666	1 445	828	Office machinery, data proc. equip.
1 773	1 793	1 741	1 801	1 485	1 107	Other capital goods
1 653	1 662	1 659	1 642	1 422	1 138	Manufacture of consumer goods
1 756	1 772	1 752	1 739	1 562	1 359	Manufacture of wood products
1 674	1 672	1 670	1 659	1 412	1 466	Printing and duplicating
1 633	1 643	1 640	1 635	1 370	957	Textile industry
1 634	1 643	1 644	1 620	1 418	1 124	Other consumer goods
1 787	1 805	1 797	1 814	1 638	1 504	Food, beverage and tobacco industry
1 722	1 736	1 730	1 726	1 489	1 184	Total manufacturing

Durchschnittliche Jahresarbeitszeit

Ostdeutschland

Veränderungen gegenüber dem Vorjahr in vH

	1981	1982	1983	1984	1985	1986
Grundstoffproduzierendes Gewerbe	0,1	0,5	0,2	0,3	-0,9	-0,3
Mineralölverarbeitung	-0,7	0,7	0,4	1,0	0,5	-0,9
Steine und Erden	0,1	0,2	-0,5	0,1	-0,9	-0,5
Eisenschaffende Industrie	-0,3	-0,0	-0,3	0,6	-1,1	-0,7
Gießereien	0,0	-0,1	2,0	0,2	-1,1	0,1
Chem. Ind., Spalt-, Brutstoffe	1,1	0,3	0,3	0,4	-0,9	-0,8
Sonst. Grundstoffprod.	-1,1	1,7	0,3	0,1	-1,1	1,0
Investitionsgüterprod. Gewerbe	0,5	1,7	-2,0	0,2	-1,2	0,2
Stahlbau	0,9	2,9	-1,3	0,5	-1,0	-0,6
Maschinenbau	0,6	1,7	-5,3	0,0	-1,1	1,1
Straßenfahrzeugbau	0,1	2,7	3,2	-0,1	-1,7	2,1
Elektrotechnik	0,5	1,2	-1,0	0,4	-1,3	-0,2
Feinmechanik, Optik	0,2	1,3	-0,8	0,5	-1,2	-6,1
Büromaschinen, ADV	-0,1	0,6	0,2	0,4	-1,4	0,2
Sonst. Investitionsgüterprod.	0,3	1,5	0,4	0,3	-1,1	-0,3
Verbrauchsgüterprod. Gewerbe	1,6	2,4	0,7	0,4	-1,1	0,3
Holzverarbeitung	-9,1	5,3	-0,9	0,1	-1,1	1,1
Druckerei	0,7	0,5	3,3	0,3	-1,1	0,4
Textilgewerbe	2,4	2,1	2,5	0,2	-1,1	0,3
Sonst. Verbrauchsgüterprod.	4,3	1,9	-0,2	0,5	-1,1	0,2
Nahrungs- und Genußmittelherst.	-2,2	-0,7	-0,5	0,2	-0,9	0,2
Verarbeitendes Gewerbe	0,4	1,4	-0,8	0,3	-1,1	0,2

Hours Worked per Employee

Eastgermany

% change on previous year

1987	1988	1989	1990	1991	
1,0	-0,4	0,8	-11,8	-17,9	Manufacture of basic products
-0,3	-0,0	3,8	-3,7	-8,4	Mineral oil refining
1,5	0,6	-1,5	-13,2	-16,2	Stones and earths
1,2	-0,7	-2,1	-11,1	-17,9	Iron and steel industry
0,6	-3,7	5,4	-16,3	-27,2	Foundries
1,3	0,1	-0,8	-9,1	-16,9	Chemical industry
0,3	-0,5	4,8	-15,4	-20,2	Other basic products
0,7	-0,3	-0,7	-15,5	-23,9	Manufacture of capital goods
2,1	-0,8	-0,1	-9,2	-7,9	Structural metal products
-0,3	0,2	-1,5	-14,6	-22,7	Mechanical engineering
-1,2	0,5	0,1	-18,6	-27,0	Manufacture of road vehicles
1,2	0,2	-1,3	-15,6	-27,8	Electrical engineering
7,3	0,3	-2,5	-25,2	-33,8	Precision and optical instruments
1,0	-4,9	2,6	-13,3	-42,7	Office machinery, data proc. equip.
1,2	-2,9	3,5	-17,6	-25,5	Other capital goods
0,6	-0,2	-1,0	-13,4	-20,0	Manufacture of consumer goods
0,9	-1,1	-0,8	-10,1	-13,0	Manufacture of wood products
-0,1	-0,1	-0,7	-14,9	3,8	Printing and duplicating
0,6	-0,2	-0,3	-16,2	-30,2	Textile industry
0,6	0,0	-1,5	-12,5	-20,7	Other consumer goods
1,0	-0,4	0,9	-9,7	-8,2	Food, beverage and tobacco industry
0,8	-0,3	-0,3	-13,7	-20,5	Total manufacturing

Durchschnittliche Jahresarbeitszeit

Ostdeutschland

Index 1989 = 100

	1980	1981	1982	1983	1984	1985
Grundstoffproduzierendes Gewerbe	98,6	98,7	99,2	99,4	99,8	98,9
Mineralölverarbeitung	95,6	94,9	95,6	96,0	97,0	97,4
Steine und Erden	100,9	100,9	101,2	100,6	100,8	99,8
Eisenschaffende Industrie	103,5	103,2	103,2	102,9	103,5	102,3
Gießereien	96,8	96,8	96,7	98,7	98,9	97,8
Chem. Ind., Spalt-, Brutstoffe	99,0	100,1	100,4	100,7	101,1	100,2
Sonst. Grundstoffprod.	94,9	93,9	95,4	95,7	95,8	94,7
Investitionsgüterprod. Gewerbe	100,9	101,4	103,2	101,1	101,3	100,0
Stahlbau	97,5	98,4	101,3	100,0	100,4	99,4
Maschinenbau	105,0	105,5	107,3	101,6	101,6	100,5
Straßenfahrzeugbau	94,5	94,6	97,1	100,3	100,2	98,5
Elektrotechnik	100,4	100,9	102,1	101,1	101,4	100,1
Feinmechanik, Optik	101,5	101,7	103,0	102,1	102,7	101,5
Büromaschinen, ADV	101,7	101,6	102,2	102,3	102,7	101,3
Sonst. Investitionsgüterprod.	97,2	97,5	99,0	99,4	99,7	98,7
Verbrauchsgüterprod. Gewerbe	96,5	98,0	100,3	101,0	101,4	100,3
Holzverarbeitung	106,5	96,8	101,9	100,9	101,0	99,9
Druckerei	96,7	97,4	98,0	101,2	101,6	100,5
Textilgewerbe	93,8	96,1	98,1	100,5	100,8	99,6
Sonst. Verbrauchsgüterprod.	95,6	99,7	101,6	101,4	101,8	100,7
Nahrungs- und Genußmittelherst.	102,3	100,1	99,4	98,9	99,1	98,3
Verarbeitendes Gewerbe	99,5	99,9	101,3	100,5	100,8	99,7

Hours Worked per Employee

Eastgermany

1989 = 100

1986	1987	1988	1989	1990	1991	
98,6	99,5	99,2	100,0	88,2	72,4	Manufacture of basic products
96,6	96,3	96,3	100,0	96,3	88,2	Mineral oil refining
99,3	100,9	101,5	100,0	86,8	72,7	Stones and earths
101,6	102,9	102,1	100,0	88,9	73,0	Iron and steel industry
98,0	98,6	94,9	100,0	83,7	60,9	Foundries
99,4	100,6	100,8	100,0	90,9	75,6	Chemical industry
95,6	95,9	95,4	100,0	84,6	67,5	Other basic products
100,2	101,0	100,7	100,0	84,5	64,3	Manufacture of capital goods
98,9	100,9	100,1	100,0	90,8	83,6	Structural metal products
101,6	101,3	101,5	100,0	85,4	66,0	Mechanical engineering
100,6	99,4	99,9	100,0	81,4	59,4	Manufacture of road vehicles
99,9	101,1	101,4	100,0	84,4	61,0	Electrical engineering
95,3	102,2	102,5	100,0	74,8	49,6	Precision and optical instruments
101,5	102,5	97,5	100,0	86,7	49,7	Office machinery, data proc. equip.
98,4	99,5	96,7	100,0	82,4	61,4	Other capital goods
100,6	101,2	101,0	100,0	86,6	69,3	Manufacture of consumer goods
101,0	101,9	100,8	100,0	89,9	78,2	Manufacture of wood products
100,9	100,8	100,7	100,0	85,1	88,4	Printing and duplicating
99,9	100,5	100,3	100,0	83,8	58,5	Textile industry
100,9	101,5	101,5	100,0	87,5	69,4	Other consumer goods
98,5	99,5	99,1	100,0	90,3	82,9	Food, beverage and tobacco industry
99,8	100,6	100,3	100,0	86,3	68,6	Total manufacturing

Bruttowertschöpfung

Ostdeutschland

in Mrd. DM zu Preisen von 1990

	1980	1981	1982	1983	1984	1985
Grundstoffproduzierendes Gewerbe	21,0	21,8	22,4	22,7	24,3	24,2
Mineralölverarbeitung	1,9	2,0	2,4	2,5	2,7	2,8
Steine und Erden	5,1	5,2	4,8	5,0	5,0	5,2
Eisenschaffende Industrie	2,3	2,4	2,4	2,3	2,5	2,2
Gießereien	1,4	1,4	1,5	1,5	1,6	1,7
Chem. Ind., Spalt-, Brutstoffe	7,3	7,7	7,9	7,9	8,5	8,6
Sonst. Grundstoffprod.	2,9	3,1	3,4	3,6	3,8	3,9
Investitionsgüterprod. Gewerbe	42,2	44,1	44,2	44,3	45,0	45,9
Stahlbau	3,7	3,7	3,5	3,5	3,6	3,8
Maschinenbau	18,3	19,7	19,7	19,8	20,6	21,5
Straßenfahrzeugbau	2,4	2,8	3,1	3,0	3,3	3,3
Elektrotechnik	10,6	10,9	10,9	11,2	10,6	10,3
Feinmechanik, Optik	2,6	2,6	2,8	2,7	2,9	3,1
Büromaschinen, ADV	1,3	1,2	1,1	1,1	1,0	1,1
Sonst. Investitionsgüterprod.	3,3	3,1	3,0	3,0	3,0	2,9
Verbrauchsgüterprod. Gewerbe	11,6	11,3	11,0	11,0	11,3	11,4
Holzverarbeitung	1,9	1,9	1,7	1,8	1,9	2,0
Druckerei	1,3	1,3	1,3	1,3	1,3	1,4
Textilgewerbe	3,5	3,5	3,5	3,5	3,6	3,7
Sonst. Verbrauchsgüterprod.	4,8	4,6	4,5	4,4	4,4	4,4
Nahrungs- und Genußmittelherst.	17,6	18,1	17,8	18,4	19,2	19,8
Verarbeitendes Gewerbe	92,4	95,3	95,3	96,4	99,7	101,3

Gross Value Added

Eastgermany

in DM billions at 1990 prices

1986	1987	1988	1989	1990	1991	
22,4	22,2	22,7	24,5	16,9	8,5	Manufacture of basic products
1,7	1,8	1,7	2,1	1,5	1,4	Mineral oil refining
5,4	5,4	5,6	5,6	4,0	1,4	Stones and earths
2,3	2,0	2,1	2,4	1,7	0,9	Iron and steel industry
1,8	1,7	1,8	1,9	1,4	0,4	Foundries
7,3	7,3	7,5	8,1	5,7	3,3	Chemical industry
3,9	4,0	4,1	4,3	2,7	1,1	Other basic products
47,5	49,5	51,1	53,0	42,1	17,6	Manufacture of capital goods
3,9	4,1	4,2	4,5	4,0	3,1	Structural metal products
22,3	22,9	23,7	24,1	19,3	7,4	Mechanical engineering
3,3	3,1	3,1	3,4	2,9	1,9	Manufacture of road vehicles
11,0	11,9	12,5	13,2	10,3	3,4	Electrical engineering
3,0	3,5	3,3	3,2	2,1	0,4	Precision and optical instruments
1,0	1,1	1,4	1,6	1,2	0,2	Office machinery. data proc. equip.
3,0	2,9	2,8	2,9	2,2	1,2	Other capital goods
11,7	12,0	12,3	12,6	9,0	4,5	Manufacture of consumer goods
2,0	2,1	2,2	2,2	1,5	0,6	Manufacture of wood products
1,4	1,4	1,4	1,4	1,3	1,2	Printing and duplicating
3,7	3,8	3,8	4,0	2,6	1,3	Textile industry
4,6	4,7	4,9	5,0	3,6	1,3	Other consumer goods
20,1	20,1	20,3	20,4	13,3	7,7	Food, beverage and tobacco industry
101,7	103,8	106,4	110,5	81,3	38,3	Total manufacturing

Bruttowertschöpfung

Ostdeutschland

Veränderungen gegenüber dem Vorjahr in vH

	1981	1982	1983	1984	1985	1986
Grundstoffproduzierendes Gewerbe	3,8	2,8	1,5	6,7	-0,1	-7,6
Mineralölverarbeitung	4,0	22,8	0,9	11,3	2,0	-39,5
Steine und Erden	0,4	-6,1	2,3	2,0	2,1	3,8
Eisenschaffende Industrie	2,9	-0,7	-0,8	5,1	-11,5	5,2
Gießereien	5,6	3,6	3,2	6,5	1,6	8,1
Chem. Ind., Spalt-, Brutstoffe	5,2	2,3	-0,2	8,2	0,3	-14,4
Sonst. Grundstoffprod.	5,7	8,1	5,8	8,0	1,3	0,9
Investitionsgüterprod. Gewerbe	4,4	0,2	0,4	1,5	2,0	3,4
Stahlbau	0,1	-3,7	-0,7	2,9	4,8	3,4
Maschinenbau	7,7	-0,2	0,5	3,9	4,5	3,4
Straßenfahrzeugbau	16,1	11,9	-3,9	8,5	0,2	0,5
Elektrotechnik	3,2	-0,3	3,0	-5,9	-3,0	7,5
Feinmechanik, Optik	0,4	5,4	-1,3	7,7	5,1	-2,6
Büromaschinen, ADV	-11,2	-9,2	-2,3	-2,3	2,4	-3,1
Sonst. Investitionsgüterprod.	-4,5	-2,1	-2,4	0,0	-2,0	1,5
Verbrauchsgüterprod. Gewerbe	-2,2	-2,9	0,3	2,8	1,0	2,4
Holzverarbeitung	1,5	-9,4	4,8	6,4	2,4	2,9
Druckerei	-1,4	-0,0	-2,0	3,1	3,8	1,0
Textilgewerbe	-1,1	-0,6	0,7	4,3	0,8	1,2
Sonst. Verbrauchsgüterprod.	-4,6	-2,9	-1,2	-0,0	-0,2	3,6
Nahrungs- und Genußmittelherst.	2,8	-1,9	3,4	4,4	3,1	1,8
Verarbeitendes Gewerbe	3,1	0,0	1,2	3,4	1,6	0,4

Gross Value Added

Eastgermany

% change on previous year

1987	1988	1989	1990	1991	
-0,8	2,5	7,7	-30,9	-49,5	Manufacture of basic products
6,8	-5,1	25,7	-28,7	-9,0	Mineral oil refining
1,6	2,6	1,0	-29,9	-64,4	Stones and earths
-13,1	4,8	15,9	-31,3	-44,4	Iron and steel industry
-3,4	3,9	6,4	-28,3	-68,7	Foundries
-0,7	2,8	8,3	-29,3	-42,7	Chemical industry
0,7	3,4	4,4	-37,1	-58,7	Other basic products
4,3	3,1	3,7	-20,5	-58,2	Manufacture of capital goods
5,0	2,6	7,9	-11,7	-22,4	Structural metal products
3,0	3,4	1,9	-20,0	-61,6	Mechanical engineering
-6,5	1,3	8,8	-13,0	-36,3	Manufacture of road vehicles
8,2	4,8	5,7	-21,9	-67,6	Electrical engineering
14,8	-3,1	-5,1	-35,1	-82,9	Precision and optical instruments
12,2	20,4	19,4	-24,9	-80,0	Office machinery, data proc. equip.
-2,0	-2,3	0,8	-23,2	-43,2	Other capital goods
2,6	2,6	2,6	-28,4	-50,6	Manufacture of consumer goods
3,0	3,8	3,2	-32,3	-58,9	Manufacture of wood products
1,6	-0,5	0,6	-4,8	-8,2	Printing and duplicating
1,7	1,7	3,3	-33,4	-50,8	Textile industry
3,3	3,8	2,3	-29,3	-63,1	Other consumer goods
-0,1	0,7	0,7	-35,0	-41,6	Food, beverage and tobacco industry
2,1	2,5	3,8	-26,4	-52,9	Total manufacturing

Bruttowertschöpfung

Ostdeutschland

Index 1989 = 100

	1980	1981	1982	1983	1984	1985
Grundstoffproduzierendes Gewerbe	85,7	88,9	91,4	92,8	99,1	99,0
Mineralölverarbeitung	88,6	92,2	113,2	114,2	127,1	129,6
Steine und Erden	91,0	91,4	85,8	87,8	89,6	91,5
Eisenschaffende Industrie	95,6	98,3	97,7	96,9	101,8	90,1
Gießereien	70,9	74,9	77,6	80,1	85,3	86,7
Chem. Ind., Spalt-, Brutstoffe	90,6	95,4	97,6	97,4	105,4	105,7
Sonst. Grundstoffprod.	68,9	72,8	78,7	83,3	90,0	91,1
Investitionsgüterprod. Gewerbe	79,7	83,2	83,4	83,7	84,9	86,6
Stahlbau	80,6	80,7	77,7	77,2	79,4	83,2
Maschinenbau	75,9	81,8	81,7	82,1	85,3	89,2
Straßenfahrzeugbau	71,2	82,6	92,5	88,8	96,4	96,6
Elektrotechnik	80,1	82,7	82,4	85,0	80,0	77,6
Feinmechanik, Optik	82,2	82,6	87,0	85,9	92,5	97,3
Büromaschinen, ADV	81,2	72,1	65,5	64,0	62,5	64,0
Sonst. Investitionsgüterprod.	114,0	108,9	106,6	104,0	104,1	102,0
Verbrauchsgüterprod. Gewerbe	91,5	89,6	86,9	87,2	89,6	90,5
Holzverarbeitung	83,9	85,2	77,2	80,9	86,0	88,1
Druckerei	94,3	92,9	92,9	91,0	93,9	97,4
Textilgewerbe	88,9	87,9	87,4	88,0	91,8	92,5
Sonst. Verbrauchsgüterprod.	96,2	91,9	89,2	88,2	88,2	88,0
Nahrungs- und Genußmittelherst.	86,4	88,8	87,1	90,1	94,0	96,9
Verarbeitendes Gewerbe	83,6	86,2	86,2	87,3	90,3	91,7

Gross Value Added

Eastgermany

1989 = 100

1986	1987	1988	1989	1990	1991	
91,4	90,6	92,9	100,0	69,1	34,9	Manufacture of basic products
78,5	83,8	79,6	100,0	71,3	64,9	Mineral oil refining
95,0	96,5	99,0	100,0	70,1	25,0	Stones and earths
94,8	82,3	86,3	100,0	68,7	38,1	Iron and steel industry
93,7	90,5	94,0	100,0	71,7	22,4	Foundries
90,5	89,8	92,3	100,0	70,7	40,5	Chemical industry
92,0	92,6	95,8	100,0	62,9	26,0	Other basic products
89,6	93,5	96,4	100,0	79,5	33,2	Manufacture of capital goods
86,1	90,4	92,7	100,0	88,3	68,5	Structural metal products
92,2	95,0	98,1	100,0	80,0	30,7	Mechanical engineering
97,0	90,8	91,9	100,0	87,0	55,5	Manufacture of road vehicles
83,4	90,2	94,6	100,0	78,1	25,3	Electrical engineering
94,8	108,8	105,4	100,0	64,9	11,1	Precision and optical instruments
62,0	69,5	83,8	100,0	75,1	15,1	Office machinery, data proc. equip.
103,5	101,5	99,2	100,0	76,8	43,6	Other capital goods
92,6	95,0	97,5	100,0	71,6	35,4	Manufacture of consumer goods
90,6	93,4	96,9	100,0	67,7	27,8	Manufacture of wood products
98,3	99,9	99,4	100,0	95,2	87,4	Printing and duplicating
93,6	95,2	96,8	100,0	66,6	32,8	Textile industry
91,1	94,2	97,8	100,0	70,7	26,1	Other consumer goods
98,7	98,7	99,3	100,0	65,0	37,9	Food, beverage and tobacco industry
92,0	94,0	96,3	100,0	73,6	34,7	Total manufacturing

Bruttowertschöpfung

Ostdeutschland

Struktur in vH

	1980	1981	1982	1983	1984	1985
Grundstoffproduzierendes Gewerbe	22,7	22,9	23,5	23,6	24,3	23,9
Mineralölverarbeitung	2,1	2,1	2,6	2,5	2,7	2,7
Steine und Erden	5,6	5,4	5,1	5,1	5,1	5,1
Eisenschaffende Industrie	2,5	2,5	2,5	2,4	2,5	2,2
Gießereien	1,5	1,5	1,6	1,6	1,6	1,6
Chem. Ind., Spalt-, Brutstoffe	8,0	8,1	8,3	8,2	8,6	8,5
Sonst. Grundstoffprod.	3,2	3,3	3,5	3,7	3,9	3,8
Investitionsgüterprod. Gewerbe	45,7	46,2	46,3	45,9	45,1	45,3
Stahlbau	4,0	3,8	3,7	3,6	3,6	3,7
Maschinenbau	19,8	20,7	20,7	20,5	20,6	21,2
Straßenfahrzeugbau	2,6	2,9	3,3	3,1	3,3	3,2
Elektrotechnik	11,5	11,5	11,5	11,7	10,6	10,1
Feinmechanik. Optik	2,8	2,8	2,9	2,8	2,9	3,0
Büromaschinen. ADV	1,4	1,2	1,1	1,1	1,0	1,0
Sonst. Investitionsgüterprod.	3,5	3,3	3,2	3,1	3,0	2,9
Verbrauchsgüterprod. Gewerbe	12,5	11,9	11,5	11,4	11,4	11,3
Holzverarbeitung	2,0	2,0	1,8	1,9	1,9	1,9
Druckerei	1,4	1,4	1,4	1,3	1,3	1,4
Textilgewerbe	3,8	3,7	3,6	3,6	3,6	3,6
Sonst. Verbrauchsgüterprod.	5,2	4,8	4,7	4,6	4,4	4,4
Nahrungs- und Genußmittelherst.	19,1	19,0	18,6	19,1	19,2	19,5
Verarbeitendes Gewerbe	100,0	100,0	100,0	100,0	100,0	100,0

Gross Value Added

Eastgermany

% share

1986	1987	1988	1989	1990	1991	
22,0	21,4	21,4	22,2	20,8	22,3	Manufacture of basic products
1,7	1,7	1,6	1,9	1,9	3,6	Mineral oil refining
5,3	5,2	5,2	5,1	4,9	3,7	Stones and earths
2,3	1,9	2,0	2,2	2,0	2,4	Iron and steel industry
1,8	1,7	1,7	1,7	1,7	1,1	Foundries
7,2	7,0	7,0	7,3	7,0	8,6	Chemical industry
3,9	3,8	3,8	3,9	3,3	2,9	Other basic products
46,7	47,7	48,0	47,9	51,7	45,9	Manufacture of capital goods
3,8	3,9	4,0	4,1	4,9	8,1	Structural metal products
21,9	22,1	22,3	21,8	23,7	19,3	Mechanical engineering
3,2	3,0	2,9	3,1	3,6	4,9	Manufacture of road vehicles
10,9	11,5	11,8	12,0	12,7	8,7	Electrical engineering
3,0	3,3	3,1	2,9	2,5	0,9	Precision and optical instruments
1,0	1,1	1,3	1,5	1,5	0,6	Office machinery. data proc. equip.
2,9	2,8	2,7	2,6	2,7	3,2	Other capital goods
11,5	11,6	11,6	11,4	11,1	11,7	Manufacture of consumer goods
2,0	2,0	2,0	2,0	1,9	1,6	Manufacture of wood products
1,4	1,4	1,3	1,3	1,7	3,2	Printing and duplicating
3,6	3,6	3,6	3,6	3,2	3,4	Textile industry
4,5	4,6	4,6	4,5	4,4	3,4	Other consumer goods
19,8	19,4	19,0	18,5	16,3	20,2	Food, beverage and tobacco industry
100,0	100,0	100,0	100,0	100,0	100,0	Total manufacturing

Arbeitsproduktivität

Ostdeutschland

in 1 000 DM zu Preisen von 1990

	1980	1981	1982	1983	1984	1985
Grundstoffproduzierendes Gewerbe	34,7	35,9	37,0	37,9	40,2	40,2
Mineralölverarbeitung	71,1	75,9	93,7	95,1	106,2	106,5
Steine und Erden	59,3	60,2	57,7	58,8	59,3	60,5
Eisenschaffende Industrie	28,0	27,2	27,0	27,0	28,5	25,1
Gießereien	28,0	29,3	31,2	32,9	35,4	35,3
Chem. Ind., Spalt-, Brutstoffe	32,5	34,4	35,0	35,1	38,0	38,3
Sonst. Grundstoffprod.	22,0	23,3	25,1	26,9	28,5	29,1
Investitionsgüterprod. Gewerbe	32,0	33,1	32,9	32,6	32,8	33,1
Stahlbau	32,6	34,2	33,0	32,4	32,5	33,6
Maschinenbau	38,8	40,8	40,1	38,4	39,7	40,3
Straßenfahrzeugbau	15,6	18,1	20,7	21,7	23,8	24,9
Elektrotechnik	30,0	30,5	29,9	30,5	28,2	27,1
Feinmechanik. Optik	46,2	45,2	43,8	42,7	45,7	48,5
Büromaschinen, ADV	25,6	23,9	23,3	22,8	21,3	21,9
Sonst. Investitionsgüterprod.	27,6	26,5	25,7	25,3	25,3	25,0
Verbrauchsgüterprod. Gewerbe	17,0	16,7	16,3	16,4	16,8	17,1
Holzverarbeitung	21,4	21,6	19,3	20,1	20,4	20,9
Druckerei	43,5	43,2	43,4	43,8	45,8	47,5
Textilgewerbe	16,0	16,1	16,2	16,7	17,2	17,5
Sonst. Verbrauchsgüterprod.	14,1	13,5	13,1	12,9	13,1	13,2
Nahrungs- und Genußmittelherst.	68,2	69,6	68,1	70,2	74,1	76,3
Verarbeitendes Gewerbe	32,3	33,2	33,1	33,3	34,3	34,8

Labour Productivity

Eastgermany

in DM 1 000 at 1990 prices

1986	1987	1988	1989	1990	1991	
37,6	37,6	38,7	42,1	32,8	25,1	Manufacture of basic products
68,7	74,8	71,8	91,2	69,7	85,2	Mineral oil refining
62,4	64,1	66,6	67,9	51,3	25,9	Stones and earths
26,5	23,1	24,2	28,4	22,0	18,0	Iron and steel industry
38,9	37,9	38,3	41,3	33,4	14,9	Foundries
33,1	33,2	34,6	37,9	30,4	26,8	Chemical industry
29,9	30,2	31,3	33,0	24,1	16,4	Other basic products
34,2	36,0	37,1	39,0	35,1	20,8	Manufacture of capital goods
34,3	36,1	36,7	40,2	39,4	35,0	Structural metal products
41,7	43,2	44,6	46,1	43,0	23,8	Mechanical engineering
25,8	24,3	24,7	27,0	24,7	23,3	Manufacture of road vehicles
28,9	31,5	33,2	35,3	31,6	15,8	Electrical engineering
45,2	52,6	55,3	53,2	35,2	7,8	Precision and optical instruments
22,3	25,2	28,9	35,0	31,7	9,1	Office machinery, data proc. equip.
25,2	24,9	24,0	24,5	21,2	15,4	Other capital goods
17,8	18,3	18,7	19,4	17,0	14,2	Manufacture of consumer goods
22,0	22,8	23,9	25,0	21,4	13,0	Manufacture of wood products
48,5	49,9	51,0	52,3	58,0	58,5	Printing and duplicating
17,9	18,4	18,7	19,5	15,8	15,2	Textile industry
13,9	14,4	14,6	15,2	13,1	8,1	Other consumer goods
78,2	78,4	78,5	79,7	63,3	58,4	Food, beverage and tobacco industry
35,1	36,1	37,0	38,8	33,1	23,5	Total manufacturing

Arbeitsproduktivität

Ostdeutschland

Veränderungen gegenüber dem Vorjahr in vH

	1981	1982	1983	1984	1985	1986
Grundstoffproduzierendes Gewerbe	3,4	3,1	2,2	6,3	-0,0	-6,6
Mineralölverarbeitung	6,8	23,4	1,5	11,7	0,3	-35,5
Steine und Erden	1,5	-4,2	1,9	0,9	2,1	3,1
Eisenschaffende Industrie	-3,0	-0,6	0,1	5,5	-12,0	5,5
Gießereien	4,4	6,5	5,5	7,6	-0,2	10,0
Chem. Ind., Spalt-, Brutstoffe	6,0	1,8	0,1	8,4	0,9	-13,6
Sonst. Grundstoffprod.	5,6	7,9	7,3	5,9	1,9	2,7
Investitionsgüterprod. Gewerbe	3,7	-0,6	-1,0	0,5	1,0	3,3
Stahlbau	5,0	-3,5	-1,8	0,3	3,3	2,2
Maschinenbau	5,2	-1,6	-4,3	3,3	1,5	3,6
Straßenfahrzeugbau	16,2	14,6	4,5	9,9	4,6	3,5
Elektrotechnik	1,7	-1,9	1,9	-7,5	-3,9	6,5
Feinmechanik, Optik	-2,1	-3,2	-2,3	7,0	6,0	-6,7
Büromaschinen, ADV	-6,6	-2,3	-2,2	-6,9	2,8	2,0
Sonst. Investitionsgüterprod.	-4,1	-2,7	-1,8	0,1	-1,3	1,0
Verbrauchsgüterprod. Gewerbe	-1,4	-2,8	0,9	2,4	1,9	4,0
Holzverarbeitung	0,7	-10,6	4,1	1,4	2,7	5,1
Druckerei	-0,7	0,5	0,9	4,6	3,6	2,2
Textilgewerbe	0,7	0,4	3,2	3,3	1,6	2,3
Sonst. Verbrauchsgüterprod.	-4,1	-2,8	-1,6	1,0	0,9	5,4
Nahrungs- und Genußmittelherst.	2,2	-2,2	3,1	5,5	3,0	2,5
Verarbeitendes Gewerbe	2,8	-0,3	0,8	2,9	1,3	1,0

Labour Productivity

Eastgermany

% change on previous year

1987	1988	1989	1990	1991	
-0,0	3,0	8,8	-22,0	-23,7	Manufacture of basic products
8,8	-4,0	27,0	-23,5	22,2	Mineral oil refining
2,6	3,9	1,9	-24,5	-49,5	Stones and earths
-12,7	4,9	17,2	-22,5	-18,2	Iron and steel industry
-2,5	1,0	7,9	-19,3	-55,4	Foundries
0,2	4,2	9,5	-19,7	-12,0	Chemical industry
1,2	3,5	5,4	-27,0	-31,8	Other basic products
5,1	3,3	4,9	-10,0	-40,7	Manufacture of capital goods
5,2	1.6	9,4	-1,8	-11,3	Structural metal products
3,6	3,2	3,5	-6,9	-44,5	Mechanical engineering
-5,7	1,5	9,6	-8,8	-5,6	Manufacture of road vehicles
9,2	5,4	6,4	-10,7	-49,9	Electrical engineering
16,3	5,2	-4,0	-33,8	-77,7	Precision and optical instruments
13,0	14,8	21,0	-9,6	-71,3	Office machinery. data proc. equip.
-1,0	-3,7	2,1	-13,6	-27,3	Other capital goods
3,0	2,0	3,8	-12,4	-16,7	Manufacture of consumer goods
3,9	4,8	4,6	-14,6	-39,3	Manufacture of wood products
2,9	2,2	2,5	11,0	1,0	Printing and duplicating
2,5	1,9	4,3	-19,0	-3,6	Textile industry
3,4	2,0	3,6	-13,7	-37,9	Other consumer goods
0,3	0,2	1,4	-20,6	-7,6	Food. beverage and tobacco industry
2,8	2,5	5,0	-14,7	-29,1	Total manufacturing

Arbeitsproduktivität

Ostdeutschland

Index 1989 = 100

	1980	1981	1982	1983	1984	1985
Grundstoffproduzierendes Gewerbe	82,5	85,3	87,9	89,9	95,6	95,6
Mineralölverarbeitung	78,0	83,3	102,8	104,3	116,5	116,8
Steine und Erden	87,3	88,6	84,9	86,6	87,4	89,2
Eisenschaffende Industrie	98,6	95,7	95,1	95,2	100,4	88,4
Gießereien	67,8	70,8	75,5	79,6	85,6	85,5
Chem. Ind., Spalt-, Brutstoffe	85,7	90,9	92,5	92,6	100,3	101,3
Sonst. Grundstoffprod.	66,9	70,6	76,2	81,8	86,6	88,3
Investitionsgüterprod. Gewerbe	82,0	85,0	84,5	83,7	84,1	85,0
Stahlbau	81,2	85,2	82,2	80,7	81,0	83,7
Maschinenbau	84,1	88,4	87,0	83,3	86,0	87,3
Straßenfahrzeugbau	57,6	66,9	76,7	80,2	88,1	92,2
Elektrotechnik	84,8	86,3	84,6	86,2	79,8	76,7
Feinmechanik, Optik	86,8	85,0	82,3	80,4	86,0	91,2
Büromaschinen, ADV	73,1	68,2	66,7	65,2	60,7	62,4
Sonst. Investitionsgüterprod.	112,5	107,9	105,0	103,0	103,1	101,8
Verbrauchsgüterprod. Gewerbe	87,4	86,2	83,8	84,5	86,5	88,1
Holzverarbeitung	85,6	86,2	77,1	80,2	81,3	83,5
Druckerei	83,2	82,6	83,0	83,7	87,6	90,8
Textilgewerbe	82,0	82,6	82,9	85,5	88,3	89,7
Sonst. Verbrauchsgüterprod.	93,0	89,1	86,6	85,2	86,1	86,8
Nahrungs- und Genußmittelherst.	85,6	87,4	85,5	88,1	93,0	95,7
Verarbeitendes Gewerbe	83,1	85,5	85,2	85,9	88,4	89,6

Labour Productivity

Eastgermany

1989 = 100

1986	1987	1988	1989	1990	1991	
89,2	89,2	91,9	100,0	78,0	59,5	Manufacture of basic products
75,4	82,0	78,7	100,0	76,5	93,5	Mineral oil refining
92,0	94,4	98,1	100,0	75,5	38,2	Stones and earths
93,2	81,3	85,3	100,0	77,5	63,4	Iron and steel industry
94,1	91,7	92,6	100,0	80,7	36,0	Foundries
87,5	87,7	91,3	100,0	80,3	70,7	Chemical industry
90,6	91,7	94,9	100,0	73,0	49,8	Other basic products
87,8	92,3	95,3	100,0	90,0	53,4	Manufacture of capital goods
85,5	90,0	91,4	100,0	98,2	87,0	Structural metal products
90,4	93,6	96,6	100,0	93,1	51,7	Mechanical engineering
95,3	89,9	91,2	100,0	91,2	86,1	Manufacture of road vehicles
81,7	89,1	94,0	100,0	89,3	44,7	Electrical engineering
85,1	98,9	104,1	100,0	66,2	14,8	Precision and optical instruments
63,7	72,0	82,6	100,0	90,4	26,0	Office machinery, data proc. equip.
102,8	101,7	97,9	100,0	86,4	62,8	Other capital goods
91,6	94,4	96,3	100,0	87,6	72,9	Manufacture of consumer goods
87,8	91,2	95,6	100,0	85,4	51,8	Manufacture of wood products
92,8	95,5	97,5	100,0	111,0	112,0	Printing and duplicating
91,8	94,1	95,9	100,0	81,0	78,1	Textile industry
91,5	94,6	96,5	100,0	86,3	53,6	Other consumer goods
98,1	98,4	98,6	100,0	79,4	73,4	Food, beverage and tobacco industry
90,4	92,9	95,2	100,0	85,3	60,5	Total manufacturing

Beschäftigtenstundenproduktivität

Ostdeutschland

in DM zu Preisen von 1990

	1980	1981	1982	1983	1984	1985
Grundstoffproduzierendes Gewerbe	20,20	20,90	21,40	21,90	23,20	23,40
Mineralölverarbeitung	42,20	45,40	55,70	56,30	62,20	62,10
Steine und Erden	32,90	33,40	31,90	32,70	33,00	33,90
Eisenschaffende Industrie	16,10	15,70	15,60	15,70	16,40	14,60
Gießereien	16,30	17,00	18,20	18,80	20,20	20,40
Chem. Ind., Spalt-, Brutstoffe	19,30	20,30	20,60	20,50	22,20	22,60
Sonst. Grundstoffprod.	12,80	13,70	14,50	15,50	16,40	16,90
Investitionsgüterprod. Gewerbe	18,20	18,80	18,30	18,50	18,60	19,00
Stahlbau	18,70	19,40	18,20	18,10	18,10	18,90
Maschinenbau	21,00	22,00	21,30	21,50	22,20	22,80
Straßenfahrzeugbau	9,30	10,70	12,00	12,10	13,30	14,20
Elektrotechnik	17,60	17,80	17,30	17,80	16,40	15,90
Feinmechanik, Optik	27,10	26,50	25,30	24,90	26,50	28,40
Büromaschinen, ADV	15,10	14,10	13,70	13,40	12,40	13,00
Sonst. Investitionsgüterprod.	15,80	15,10	14,40	14,10	14,10	14,00
Verbrauchsgüterprod. Gewerbe	10,70	10,40	9,90	9,90	10,10	10,40
Holzverarbeitung	11,60	12,80	10,90	11,40	11,60	12,00
Druckerei	27,10	26,70	26,70	26,10	27,20	28,50
Textilgewerbe	10,40	10,30	10,10	10,20	10,50	10,80
Sonst. Verbrauchsgüterprod.	9,10	8,40	8,00	7,90	7,90	8,10
Nahrungs- und Genußmittelherst.	36,70	38,40	37,80	39,10	41,20	42,80
Verarbeitendes Gewerbe	18,80	19,20	18,90	19,20	19,70	20,20

Productivity per Hour Worked

Eastgermany

in DM at 1990 prices

1986	1987	1988	1989	1990	1991	
21,90	21,70	22,40	24,20	21,40	19,90	Manufacture of basic products
40,40	44,10	42,30	51,80	41,10	54,80	Mineral oil refining
35,20	35,60	36,70	38,00	33,10	20,00	Stones and earths
15,50	13,40	14,20	16,90	14,80	14,70	Iron and steel industry
22,40	21,70	22,80	23,30	22,50	13,80	Foundries
19,70	19,40	20,20	22,30	19,70	20,90	Chemical industry
17,20	17,40	18,10	18,20	15,70	13,40	Other basic products
19,60	20,50	21,20	22,40	23,80	18,60	Manufacture of capital goods
19,40	20,00	20,50	22,40	24,30	23,40	Structural metal products
23,40	24,30	25,00	26,30	28,70	20,60	Mechanical engineering
14,40	13,70	13,90	15,20	17,00	22,00	Manufacture of road vehicles
17,00	18,30	19,30	20,80	22,00	15,30	Electrical engineering
28,30	30,60	32,10	31,70	28,00	9,40	Precision and optical instruments
13,20	14,70	17,80	21,00	21,90	11,00	Office machinery, data proc. equip.
14,20	13,90	13,80	13,60	14,30	13,90	Other capital goods
10,80	11,00	11,30	11,80	12,00	12,50	Manufacture of consumer goods
12,50	12,90	13,70	14,40	13,70	9,60	Manufacture of wood products
29,00	29,80	30,50	31,50	41,10	39,90	Printing and duplicating
11,00	11,20	11,40	11,90	11,50	15,90	Textile industry
8,50	8,70	8,90	9,40	9,20	7,20	Other consumer goods
43,70	43,40	43,70	43,90	38,60	38,90	Food, beverage and tobacco industry
20,40	20,80	21,40	22,50	22,20	19,80	Total manufacturing

Beschäftigtenstundenproduktivität

Ostdeutschland

Veränderungen gegenüber dem Vorjahr in vH

	1981	1982	1983	1984	1985	1986
Grundstoffproduzierendes Gewerbe	3,3	2,6	2,0	6,0	0,9	-6,4
Mineralölverarbeitung	7,6	22,6	1,0	10,5	-0,2	-34,9
Steine und Erden	1,4	-4,4	2,5	0,8	3,0	3,6
Eisenschaffende Industrie	-2,7	-0,6	0,4	4,9	-11,0	6,2
Gießereien	4,4	6,7	3,4	7,3	0,9	9,9
Chem. Ind., Spalt-, Brutstoffe	4,9	1,5	-0,2	7,9	1,8	-12,9
Sonst. Grundstoffprod.	6,8	6,2	7,0	5,8	3,1	1,7
Investitionsgüterprod. Gewerbe	3,2	-2,3	1,1	0,3	2,3	3,1
Stahlbau	4,1	-6,2	-0,5	-0,2	4,4	2,8
Maschinenbau	4,6	-3,2	1,0	3,3	2,6	2,5
Straßenfahrzeugbau	16,0	11,6	1,3	10,0	6,4	1,4
Elektrotechnik	1,3	-3,1	2,9	-7,8	-2,6	6,7
Feinmechanik. Optik	-2,3	-4,4	-1,5	6,4	7,2	-0,6
Büromaschinen. ADV	-6,5	-2,9	-2,4	-7,2	4,3	1,8
Sonst. Investitionsgüterprod.	-4,4	-4,1	-2,2	-0,3	-0,2	1,2
Verbrauchsgüterprod. Gewerbe	-2,9	-5,0	0,2	2,0	3,0	3,6
Holzverarbeitung	10,8	-15,1	5,0	1,4	3,8	4,0
Druckerei	-1,4	-0,0	-2,4	4,3	4,7	1,8
Textilgewerbe	-1,7	-1,7	0,7	3,0	2,8	2,0
Sonst. Verbrauchsgüterprod.	-8,1	-4,7	-1,3	0,5	2,0	5,2
Nahrungs- und Genußmittelherst.	4,5	-1,5	3,6	5,2	3,9	2,3
Verarbeitendes Gewerbe	2,4	-1,7	1,6	2,6	2,4	0,8

Productivity per Hour Worked

Eastgermany

% change on previous year

1987	1988	1989	1990	1991	
-1,0	3,4	7,9	-11,6	-7,0	Manufacture of basic products
9,1	-4,0	22,3	-20,6	33,5	Mineral oil refining
1,1	3,3	3,5	-12,9	-39,7	Stones and earths
-13,8	5,7	19,7	-12,8	-0,4	Iron and steel industry
-3,0	4,9	2,4	-3,5	-38,8	Foundries
-1,1	4,1	10,3	-11,7	5,9	Chemical industry
0,9	4,0	0,6	-13,6	-14,5	Other basic products
4,3	3,5	5,6	6,5	-22,1	Manufacture of capital goods
3,1	2,5	9,4	8,2	-3,7	Structural metal products
3,9	3,0	5,0	9,0	-28,2	Mechanical engineering
-4,6	1,0	9,5	12,0	29,4	Manufacture of road vehicles
7,9	5,2	7,9	5,7	-30,6	Electrical engineering
8,4	4,9	-1,5	-11,5	-66,3	Precision and optical instruments
11,9	20,7	18,0	4,3	-49,9	Office machinery, data proc. equip.
-2,2	-0,9	-1,3	4,8	-2,5	Other capital goods
2,4	2,3	4,9	1,2	4,1	Manufacture of consumer goods
3,0	6,0	5,4	-4,9	-30,3	Manufacture of wood products
3,0	2,3	3,2	30,4	-2,8	Printing and duplicating
1,9	2,1	4,6	-3,3	38,0	Textile industry
2,8	2,0	5,1	-1,4	-21,7	Other consumer goods
-0,8	0,6	0,5	-12,1	0,6	Food, beverage and tobacco industry
2,0	2,8	5,3	-1,1	-10,9	Total manufacturing

Beschäftigtenstundenproduktivität
Ostdeutschland
Index 1989 = 100

	1980	1981	1982	1983	1984	1985
Grundstoffproduzierendes Gewerbe	83,7	86,4	88,6	90,4	95,8	96,7
Mineralölverarbeitung	81,6	87,8	107,6	108,7	120,1	119,9
Steine und Erden	86,6	87,8	84,0	86,0	86,7	89,3
Eisenschaffende Industrie	95,3	92,7	92,2	92,5	97,0	86,3
Gießereien	70,1	73,2	78,0	80,7	86,6	87,4
Chem. Ind., Spalt-, Brutstoffe	86,6	90,8	92,2	91,9	99,2	101,1
Sonst. Grundstoffprod.	70,5	75,2	79,9	85,5	90,4	93,2
Investitionsgüterprod. Gewerbe	81,3	83,8	81,9	82,8	83,1	85,0
Stahlbau	83,2	86,6	81,2	80,7	80,6	84,1
Maschinenbau	80,1	83,8	81,1	81,9	84,6	86,9
Straßenfahrzeugbau	61,0	70,7	79,0	80,0	87,9	93,5
Elektrotechnik	84,5	85,5	82,9	85,3	78,7	76,6
Feinmechanik, Optik	85,6	83,6	79,9	78,7	83,8	89,9
Büromaschinen, ADV	71,9	67,2	65,2	63,7	59,1	61,6
Sonst. Investitionsgüterprod.	115,8	110,6	106,0	103,7	103,4	103,2
Verbrauchsgüterprod. Gewerbe	90,6	87,9	83,5	83,6	85,3	87,8
Holzverarbeitung	80,4	89,1	75,6	79,4	80,5	83,6
Druckerei	86,0	84,8	84,7	82,7	86,3	90,4
Textilgewerbe	87,4	86,0	84,5	85,1	87,6	90,1
Sonst. Verbrauchsgüterprod.	97,3	89,4	85,2	84,1	84,5	86,2
Nahrungs- und Genußmittelherst.	83,6	87,4	86,1	89,1	93,8	97,4
Verarbeitendes Gewerbe	83,5	85,6	84,1	85,5	87,7	89,9

Productivity per Hour Worked

Eastgermany

1989 = 100

1986	1987	1988	1989	1990	1991	
90,5	89,6	92,7	100,0	88,4	82,2	Manufacture of basic products
78,1	85,2	81,8	100,0	79,4	105,9	Mineral oil refining
92,6	93,6	96,7	100,0	87,1	52,5	Stones and earths
91,7	79,0	83,5	100,0	87,2	86,9	Iron and steel industry
96,0	93,1	97,7	100,0	96,5	59,1	Foundries
88,1	87,1	90,6	100,0	88,3	93,5	Chemical industry
94,7	95,6	99,5	100,0	86,4	73,8	Other basic products
87,6	91,4	94,7	100,0	106,5	83,0	Manufacture of capital goods
86,5	89,2	91,4	100,0	108,2	104,2	Structural metal products
89,0	92,4	95,2	100,0	109,0	78,3	Mechanical engineering
94,8	90,5	91,3	100,0	112,0	144,9	Manufacture of road vehicles
81,7	88,1	92,7	100,0	105,7	73,4	Electrical engineering
89,3	96,8	101,5	100,0	88,5	29,8	Precision and optical instruments
62,7	70,2	84,7	100,0	104,3	52,3	Office machinery. data proc. equip.
104,4	102,2	101,3	100,0	104,8	102,2	Other capital goods
91,0	93,2	95,4	100,0	101,2	105,3	Manufacture of consumer goods
86,9	89,5	94,8	100,0	95,1	66,3	Manufacture of wood products
92,0	94,7	96,9	100,0	130,4	126,8	Printing and duplicating
91,9	93,6	95,6	100,0	96,7	133,4	Textile industry
90,7	93,2	95,1	100,0	98,6	77,2	Other consumer goods
99,6	98,9	99,5	100,0	87,9	88,5	Food, beverage and tobacco industry
90,6	92,4	95,0	100,0	98,9	88,1	Total manufacturing

Beschäftigte

Westdeutschland

in 1 000 Personen

	1980	1981	1982	1983	1984	1985
Grundstoffproduzierendes Gewerbe	1 544	1 502	1 448	1 394	1 372	1 368
Mineralölverarbeitung	34	34	34	32	31	29
Steine und Erden	193	184	173	166	165	167
Eisenschaffende Industrie	284	273	257	238	222	217
Gießereien	116	109	103	97	94	96
Chem. Ind., Spalt-, Brutstoffe	570	567	561	551	553	559
Sonst. Grundstoffprod.	348	334	320	310	307	310
Investitionsgüterprod. Gewerbe	3 810	3 752	3 655	3 511	3 488	3 600
Stahlbau	212	208	206	196	188	186
Maschinenbau	1 024	1 023	998	956	930	950
Straßenfahrzeugbau	802	787	788	777	785	809
Elektrotechnik	976	948	909	874	878	923
Feinmechanik, Optik	167	161	155	140	138	144
Büromaschinen, ADV	70	72	69	71	77	83
Sonst. Investitionsgüterprod.	560	552	529	497	492	506
Verbrauchsgüterprod. Gewerbe	1 583	1 512	1 418	1 341	1 327	1 317
Holzverarbeitung	241	230	210	200	197	190
Druckerei	184	181	174	165	162	162
Textilgewerbe	304	283	260	241	235	231
Sonst. Verbrauchsgüterprod.	855	817	773	734	733	733
Nahrungs- und Genußmittelherst.	491	488	472	454	450	446
Verarbeitendes Gewerbe	7 428	7 254	6 992	6 700	6 636	6 730

Employees
Westgermany
thousands

1986	1987	1988	1989	1990	1991	
1 365	1 344	1 337	1 345	1 359	1 371	Manufacture of basic products
27	27	26	24	23	23	Mineral oil refining
151	149	150	149	149	156	Stones and earths
210	194	185	183	178	171	Iron and steel industry
98	95	96	99	102	103	Foundries
570	574	578	583	593	596	Chemical industry
308	305	303	307	314	323	Other basic products
3 732	3 758	3 758	3 838	3 965	4 049	Manufacture of capital goods
184	185	183	184	186	196	Structural metal products
985	990	979	1 006	1 061	1 081	Mechanical engineering
838	852	856	865	883	900	Manufacture of road vehicles
962	972	977	1 008	1 030	1 044	Electrical engineering
148	146	144	141	141	145	Precision and optical instruments
87	87	85	83	83	82	Office machinery, data proc. equip.
529	527	533	551	583	602	Other capital goods
1 314	1 306	1 308	1 328	1 367	1 419	Manufacture of consumer goods
186	184	187	194	201	216	Manufacture of wood products
163	165	167	170	177	188	Printing and duplicating
228	222	218	213	209	204	Textile industry
738	735	736	750	780	811	Other consumer goods
442	442	441	442	465	509	Food, beverage and tobacco industry
6 853	6 851	6 844	6 952	7 156	7 349	Total manufacturing

Beschäftigte

Westdeutschland

Veränderungen gegenüber dem Vorjahr in vH

	1981	1982	1983	1984	1985	1986
Grundstoffproduzierendes Gewerbe	-2,7	-3,7	-3,7	-1,6	-0,3	-0,2
Mineralölverarbeitung	2,7	-0,2	-5,8	-4,5	-4,6	-7,1
Steine und Erden	-4,6	-6,4	-3,9	-0,5	-5,2	-3,4
Eisenschaffende Industrie	-3,9	-5,8	-7,3	-6,8	-2,4	-2,9
Gießereien	-5,7	-5,9	-6,0	-3,1	2,2	2,7
Chem. Ind., Spalt-, Brutstoffe	-0,5	-1,1	-1,8	0,3	1,2	1,8
Sonst. Grundstoffprod.	-3,8	-4,4	-3,0	-0,9	0,9	-0,7
Investitionsgüterprod. Gewerbe	-1,5	-2,6	-3,9	-0,7	3,2	3,7
Stahlbau	-1,9	-1,2	-4,6	-4,2	-1,1	-1,1
Maschinenbau	-0,1	-2,4	-4,2	-2,7	2,1	3,7
Straßenfahrzeugbau	-1,8	0,2	-1,5	1,1	3,0	3,6
Elektrotechnik	-2,8	-4,1	-3,9	0,5	5,1	4,3
Feinmechanik, Optik	-3,2	-4,2	-9,3	-1,6	4,5	2,4
Büromaschinen, ADV	3,5	-4,2	2,0	8,5	8,3	4,5
Sonst. Investitionsgüterprod.	-1,6	-4,1	-6,0	-1,2	2,9	4,6
Verbrauchsgüterprod. Gewerbe	-4,5	-6,2	-5,5	-1,0	-0,8	-0,2
Holzverarbeitung	-4,3	-8,7	-4,9	-1,4	-3,5	-2,4
Druckerei	-1,6	-3,9	-5,1	-1,8	0,3	0,3
Textilgewerbe	-6,9	-8,0	-7,2	-2,5	-1,7	-1,6
Sonst. Verbrauchsgüterprod.	-4,4	-5,4	-5,1	-0,2	0,1	0,7
Nahrungs- und Genußmittelherst.	-0,5	-3,3	-3,9	-0,9	-0,9	-0,7
Verarbeitendes Gewerbe	-2,3	-3,6	-4,2	-0,9	1,4	1,8

Employees

Westgermany

% change on previous year

1987	1988	1989	1990	1991	
-1,5	-0,5	0,5	1,1	0,9	Manufacture of basic products
-2,7	-3,5	-6,0	-5,6	2,3	Mineral oil refining
-1,5	0,4	-0,7	0,3	4,6	Stones and earths
-7,6	-4,8	-1,4	-2,2	-4,4	Iron and steel industry
-3,0	0,7	3,1	2,8	1,0	Foundries
0,8	0,7	0,9	1,6	0,6	Chemical industry
-1,0	-0,6	1,3	2,3	2,7	Other basic products
0,7	-0,0	2,1	3,3	2,1	Manufacture of capital goods
0,6	-0,9	0,3	1,3	5,4	Structural metal products
0,4	-1,1	2,8	5,5	1,9	Mechanical engineering
1,7	0,5	1,0	2,0	2,0	Manufacture of road vehicles
1,0	0,5	3,1	2,2	1,3	Electrical engineering
-0,9	-1,4	-2,1	-0,5	3,4	Precision and optical instruments
0,9	-2,5	-2,4	-0,5	-1,0	Office machinery, data proc. equip.
-0,4	1,2	3,4	5,7	3,2	Other capital goods
-0,6	0,1	1,5	3,0	3,8	Manufacture of consumer goods
-1,0	1,8	3,8	3,5	7,2	Manufacture of wood products
1,2	1,1	2,3	4,0	6,1	Printing and duplicating
-2,3	-1,9	-2,4	-1,9	-2,4	Textile industry
-0,3	0,1	1,9	4,0	4,0	Other consumer goods
-0,0	-0,2	0,1	5,1	9,6	Food, beverage and tobacco industry
-0,0	-0,1	1,6	2,9	2,7	Total manufacturing

Beschäftigte
Westdeutschland
Index 1989 = 100

	1980	1981	1982	1983	1984	1985
Grundstoffproduzierendes Gewerbe	114,8	111,7	107,7	103,7	102,0	101,7
Mineralölverarbeitung	138,6	142,4	142,0	133,8	127,8	121,9
Steine und Erden	130,1	124,1	116,2	111,7	111,1	105,4
Eisenschaffende Industrie	155,6	149,5	140,8	130,5	121,6	118,6
Gießereien	117,1	110,4	104,0	97,8	94,7	96,8
Chem. Ind., Spalt-, Brutstoffe	97,7	97,2	96,2	94,5	94,7	95,9
Sonst. Grundstoffprod.	113,2	108,9	104,1	101,0	100,1	101,0
Investitionsgüterprod. Gewerbe	99,3	97,8	95,2	91,5	90,9	93,8
Stahlbau	115,4	113,3	111,9	106,8	102,3	101,1
Maschinenbau	101,8	101,7	99,2	95,0	92,4	94,4
Straßenfahrzeugbau	92,7	91,0	91,2	89,8	90,8	93,5
Elektrotechnik	96,8	94,1	90,3	86,7	87,2	91,6
Feinmechanik, Optik	118,0	114,2	109,4	99,3	97,6	102,0
Büromaschinen, ADV	84,0	86,9	83,3	84,9	92,1	99,7
Sonst. Investitionsgüterprod.	101,7	100,1	96,1	90,3	89,2	91,8
Verbrauchsgüterprod. Gewerbe	119,3	113,9	106,8	101,0	100,0	99,2
Holzverarbeitung	123,8	118,5	108,2	102,9	101,4	97,9
Druckerei	107,9	106,2	102,0	96,8	95,1	95,3
Textilgewerbe	142,7	132,9	122,2	113,4	110,6	108,7
Sonst. Verbrauchsgüterprod.	114,0	109,0	103,1	97,9	97,7	97,7
Nahrungs- und Genußmittelherst.	111,0	110,4	106,8	102,7	101,7	100,8
Verarbeitendes Gewerbe	106,8	104,3	100,6	96,4	95,5	96,8

Employees

Westgermany

1989 = 100

1986	1987	1988	1989	1990	1991	
101,5	100,0	99,5	100,0	101,1	102,0	Manufacture of basic products
113,3	110,2	106,4	100,0	94,4	96,6	Mineral oil refining
101,8	100,3	100,7	100,0	100,3	105,0	Stones and earths
115,2	106,5	101,4	100,0	97,8	93,5	Iron and steel industry
99,4	96,3	97,0	100,0	102,8	103,8	Foundries
97,6	98,4	99,1	100,0	101,6	102,2	Chemical industry
100,2	99,3	98,7	100,0	102,3	105,1	Other basic products
97,2	97,9	97,9	100,0	103,3	105,5	Manufacture of capital goods
100,0	100,7	99,7	100,0	101,3	106,7	Structural metal products
97,9	98,3	97,3	100,0	105,5	107,4	Mechanical engineering
96,8	98,5	99,0	100,0	102,0	104,0	Manufacture of road vehicles
95,5	96,5	97,0	100,0	102,2	103,6	Electrical engineering
104,5	103,6	102,1	100,0	99,5	102,9	Precision and optical instruments
104,2	105,1	102,5	100,0	99,5	98,5	Office machinery, data proc. equip.
95,9	95,6	96,7	100,0	105,7	109,2	Other capital goods
99,0	98,4	98,5	100,0	103,0	106,9	Manufacture of consumer goods
95,5	94,6	96,3	100,0	103,5	111,0	Manufacture of wood products
95,6	96,7	97,7	100,0	104,0	110,3	Printing and duplicating
106,9	104,4	102,4	100,0	98,1	95,7	Textile industry
98,4	98,0	98,2	100,0	104,0	108,2	Other consumer goods
100,1	100,1	99,9	100,0	105,1	115,2	Food, beverage and tobacco industry
98,6	98,6	98,4	100,0	102,9	105,7	Total manufacturing

Beschäftigte
Westdeutschland
Struktur in vH

	1980	1981	1982	1983	1984	1985
Grundstoffproduzierendes Gewerbe	20,8	20,7	20,7	20,8	20,7	20,3
Mineralölverarbeitung	0,5	0,5	0,5	0,5	0,5	0,4
Steine und Erden	2,6	2,5	2,5	2,5	2,5	2,3
Eisenschaffende Industrie	3,8	3,8	3,7	3,6	3,3	3,2
Gießereien	1,6	1,5	1,5	1,4	1,4	1,4
Chem. Ind., Spalt-, Brutstoffe	7,7	7,8	8,0	8,2	8,3	8,3
Sonst. Grundstoffprod.	4,7	4,6	4,6	4,6	4,6	4,6
Investitionsgüterprod. Gewerbe	51,3	51,7	52,3	52,4	52,6	53,5
Stahlbau	2,9	2,9	2,9	2,9	2,8	2,8
Maschinenbau	13,8	14,1	14,3	14,3	14,0	14,1
Straßenfahrzeugbau	10,8	10,9	11,3	11,6	11,8	12,0
Elektrotechnik	13,1	13,1	13,0	13,0	13,2	13,7
Feinmechanik, Optik	2,2	2,2	2,2	2,1	2,1	2,1
Büromaschinen, ADV	0,9	1,0	1,0	1,1	1,2	1,2
Sonst. Investitionsgüterprod.	7,5	7,6	7,6	7,4	7,4	7,5
Verbrauchsgüterprod. Gewerbe	21,3	20,8	20,3	20,0	20,0	19,6
Holzverarbeitung	3,2	3,2	3,0	3,0	3,0	2,8
Druckerei	2,5	2,5	2,5	2,5	2,4	2,4
Textilgewerbe	4,1	3,9	3,7	3,6	3,5	3,4
Sonst. Verbrauchsgüterprod.	11,5	11,3	11,1	11,0	11,0	10,9
Nahrungs- und Genußmittelherst.	6,6	6,7	6,8	6,8	6,8	6,6
Verarbeitendes Gewerbe	100,0	100,0	100,0	100,0	100,0	100,0

Employees

Westgermany

% share

1986	1987	1988	1989	1990	1991	
19,9	19,6	19,5	19,3	19,0	18,7	Manufacture of basic products
0,4	0,4	0,4	0,3	0,3	0,3	Mineral oil refining
2,2	2,2	2,2	2,1	2,1	2,1	Stones and earths
3,1	2,8	2,7	2,6	2,5	2,3	Iron and steel industry
1,4	1,4	1,4	1,4	1,4	1,4	Foundries
8,3	8,4	8,4	8,4	8,3	8,1	Chemical industry
4,5	4,4	4,4	4,4	4,4	4,4	Other basic products
54,5	54,9	54,9	55,2	55,4	55,1	Manufacture of capital goods
2,7	2,7	2,7	2,6	2,6	2,7	Structural metal products
14,4	14,4	14,3	14,5	14,8	14,7	Mechanical engineering
12,2	12,4	12,5	12,4	12,3	12,2	Manufacture of road vehicles
14,0	14,2	14,3	14,5	14,4	14,2	Electrical engineering
2,2	2,1	2,1	2,0	2,0	2,0	Precision and optical instruments
1,3	1,3	1,2	1,2	1,2	1,1	Office machinery, data proc. equip.
7,7	7,7	7,8	7,9	8,1	8,2	Other capital goods
19,2	19,1	19,1	19,1	19,1	19,3	Manufacture of consumer goods
2,7	2,7	2,7	2,8	2,8	2,9	Manufacture of wood products
2,4	2,4	2,4	2,5	2,5	2,6	Printing and duplicating
3,3	3,2	3,2	3,1	2,9	2,8	Textile industry
10,8	10,7	10,8	10,8	10,9	11,0	Other consumer goods
6,5	6,5	6,5	6,4	6,5	6,9	Food, beverage and tobacco industry
100,0	100,0	100,0	100,0	100,0	100,0	Total manufacturing

Beschäftigtenstunden

Westdeutschland

in Mill. Stunden

	1980	1981	1982	1983	1984	1985
Grundstoffproduzierendes Gewerbe	2 660	2 549	2 423	2 350	2 338	2 298
Mineralölverarbeitung	58	59	59	56	53	49
Steine und Erden	372	343	315	307	303	278
Eisenschaffende Industrie	465	441	398	361	360	345
Gießereien	196	182	167	159	157	161
Chem. Ind., Spalt-, Brutstoffe	959	953	937	928	929	933
Sonst. Grundstoffprod.	610	572	547	539	537	532
Investitionsgüterprod. Gewerbe	6 402	6 196	5 991	5 774	5 741	5 928
Stahlbau	379	365	359	340	326	321
Maschinenbau	1 795	1 740	1 669	1 585	1 584	1 618
Straßenfahrzeugbau	1 284	1 261	1 253	1 256	1 224	1 295
Elektrotechnik	1 585	1 516	1 456	1 417	1 425	1 483
Feinmechanik, Optik	280	265	254	230	229	239
Büromaschinen, ADV	114	115	112	114	125	131
Sonst. Investitionsgüterprod.	964	933	887	832	829	842
Verbrauchsgüterprod. Gewerbe	2 641	2 470	2 321	2 237	2 217	2 173
Holzverarbeitung	422	388	351	346	341	321
Druckerei	318	308	297	284	275	270
Textilgewerbe	502	453	420	397	390	381
Sonst. Verbrauchsgüterprod.	1 400	1 320	1 253	1 209	1 211	1 200
Nahrungs- und Genußmittelherst.	912	902	874	841	827	813
Verarbeitendes Gewerbe	12 616	12 117	11 609	11 202	11 123	11 213

Hours Worked

Westgermany

millions

1986	1987	1988	1989	1990	1991	
2 269	2 221	2 228	2 215	2 214	2 204	Manufacture of basic products
46	45	43	39	37	38	Mineral oil refining
273	268	272	273	270	279	Stones and earths
325	301	295	283	270	256	Iron and steel industry
161	152	156	161	162	157	Foundries
941	943	948	947	961	949	Chemical industry
523	512	512	512	514	523	Other basic products
6 083	6 001	5 993	6 096	6 221	6 256	Manufacture of capital goods
317	315	311	310	311	326	Structural metal products
1 643	1 619	1 610	1 652	1 717	1 696	Mechanical engineering
1 369	1 327	1 324	1 340	1 353	1 368	Manufacture of road vehicles
1 519	1 521	1 515	1 545	1 562	1 565	Electrical engineering
239	234	232	225	224	226	Precision and optical instruments
133	133	136	130	125	126	Office machinery, data proc. equip.
864	852	865	893	929	946	Other capital goods
2 151	2 123	2 128	2 130	2 164	2 212	Manufacture of consumer goods
314	310	318	327	333	353	Manufacture of wood products
269	269	269	269	278	291	Printing and duplicating
369	359	353	340	329	316	Textile industry
1 199	1 185	1 188	1 193	1 224	1 251	Other consumer goods
803	803	799	788	824	890	Food, beverage and tobacco industry
11 306	11 147	11 148	11 229	11 424	11 559	Total manufacturing

Beschäftigtenstunden

Westdeutschland

Veränderungen gegenüber dem Vorjahr in vH

	1981	1982	1983	1984	1985	1986
Grundstoffproduzierendes Gewerbe	-4,2	-4,9	-3,0	-0,5	-1,7	-1,3
Mineralölverarbeitung	2,2	-0,2	-6,4	-5,0	-6,4	-7,2
Steine und Erden	-7,8	-8,1	-2,4	-1,3	-8,2	-1,8
Eisenschaffende Industrie	-5,1	-9,6	-9,3	-0,3	-4,1	-6,0
Gießereien	-7,4	-8,1	-4,9	-1,2	2,5	-0,1
Chem. Ind., Spalt-, Brutstoffe	-0,7	-1,6	-1,0	0,1	0,4	0,9
Sonst. Grundstoffprod.	-6,3	-4,3	-1,4	-0,5	-0,9	-1,7
Investitionsgüterprod. Gewerbe	-3,2	-3,3	-3,6	-0,6	3,3	2,6
Stahlbau	-3,8	-1,6	-5,1	-4,1	-1,7	-1,1
Maschinenbau	-3,1	-4,1	-5,1	-0,0	2,1	1,6
Straßenfahrzeugbau	-1,8	-0,6	0,2	-2,5	5,9	5,6
Elektrotechnik	-4,4	-3,9	-2,7	0,5	4,1	2,4
Feinmechanik, Optik	-5,1	-4,2	-9,5	-0,5	4,4	-0,1
Büromaschinen. ADV	1,2	-2,7	1,6	9,6	4,9	1,7
Sonst. Investitionsgüterprod.	-3,2	-4,9	-6,2	-0,4	1,6	2,6
Verbrauchsgüterprod. Gewerbe	-6,5	-6,1	-3,6	-0,9	-2,0	-1,0
Holzverarbeitung	-7,9	-9,6	-1,5	-1,4	-5,7	-2,4
Druckerei	-2,9	-3,8	-4,2	-3,2	-1,7	-0,4
Textilgewerbe	-9,7	-7,3	-5,4	-1,9	-2,2	-3,1
Sonst. Verbrauchsgüterprod.	-5,7	-5,1	-3,5	0,1	-0,9	-0,1
Nahrungs- und Genußmittelherst.	-1,1	-3,1	-3,7	-1,8	-1,7	-1,2
Verarbeitendes Gewerbe	-4,0	-4,2	-3,5	-0,7	0,8	0,8

Hours Worked

Westgermany

% change on previous year

1987	1988	1989	1990	1991	
-2,1	0,3	-0,6	-0,0	-0,5	Manufacture of basic products
-2,3	-4,0	-8,1	-6,0	2,5	Mineral oil refining
-2,1	1,7	0,1	-0,9	3,3	Stones and earths
-7,2	-2,0	-4,3	-4,4	-5,5	Iron and steel industry
-5,7	3,2	3,1	0,5	-3,0	Foundries
0,1	0,6	-0,2	1,5	-1,2	Chemical industry
-2,0	-0,0	-0,0	0,3	1,8	Other basic products
-1,4	-0,1	1,7	2,1	0,6	Manufacture of capital goods
-0,8	-1,3	-0,1	0,1	5,0	Structural metal products
-1,4	-0,6	2,6	3,9	-1,2	Mechanical engineering
-3,0	-0,2	1,3	1,0	1,1	Manufacture of road vehicles
0,1	-0,4	1,9	1,1	0,2	Electrical engineering
-1,9	-0,9	-3,2	-0,4	0,8	Precision and optical instruments
-0,3	2,5	-4,2	-3,9	0,7	Office machinery. data proc. equip.
-1,3	1,5	3,2	4,0	1,9	Other capital goods
-1,3	0,2	0,1	1,6	2,2	Manufacture of consumer goods
-1,0	2,6	2,7	1,9	6,0	Manufacture of wood products
-0,1	0,0	0,1	3,1	5,0	Printing and duplicating
-2,7	-1,8	-3,4	-3,3	-4,1	Textile industry
-1,2	0,2	0,5	2,6	2,2	Other consumer goods
-0,1	-0,4	-1,3	4,5	8,0	Food, beverage and tobacco industry
-1,4	0,0	0,7	1,7	1,2	Total manufacturing

Beschäftigtenstunden

Westdeutschland

Index 1989 = 100

	1980	1981	1982	1983	1984	1985
Grundstoffproduzierendes Gewerbe	120,1	115,1	109,4	106,1	105,6	103,8
Mineralölverarbeitung	147,4	150,8	150,5	140,9	133,8	125,3
Steine und Erden	136,4	125,7	115,5	112,7	111,2	102,1
Eisenschaffende Industrie	164,3	155,9	140,9	127,8	127,3	122,2
Gießereien	121,7	112,7	103,6	98,5	97,3	99,7
Chem. Ind., Spalt-, Brutstoffe	101,3	100,6	99,0	98,0	98,1	98,5
Sonst. Grundstoffprod.	119,1	111,6	106,8	105,3	104,8	103,8
Investitionsgüterprod. Gewerbe	105,0	101,6	98,3	94,7	94,2	97,3
Stahlbau	122,2	117,5	115,6	109,6	105,2	103,3
Maschinenbau	108,7	105,3	101,0	95,9	95,9	97,9
Straßenfahrzeugbau	95,8	94,1	93,5	93,7	91,3	96,6
Elektrotechnik	102,6	98,2	94,3	91,8	92,2	96,0
Feinmechanik, Optik	124,4	118,1	113,1	102,3	101,8	106,4
Büromaschinen, ADV	87,4	88,5	86,0	87,4	95,7	100,4
Sonst. Investitionsgüterprod.	108,0	104,5	99,4	93,2	92,8	94,3
Verbrauchsgüterprod. Gewerbe	124,0	116,0	108,9	105,0	104,1	102,0
Holzverarbeitung	128,9	118,8	107,4	105,8	104,3	98,3
Druckerei	117,9	114,5	110,1	105,5	102,1	100,4
Textilgewerbe	147,4	133,1	123,4	116,7	114,5	111,9
Sonst. Verbrauchsgüterprod.	117,3	110,6	105,0	101,4	101,5	100,6
Nahrungs- und Genußmittelherst.	115,7	114,4	110,9	106,7	104,9	103,1
Verarbeitendes Gewerbe	112,3	107,9	103,4	99,8	99,1	99,9

Hours Worked

Westgermany

1989 = 100

1986	1987	1988	1989	1990	1991	
102,4	100,3	100,6	100,0	100,0	99,5	Manufacture of basic products
116,2	113,5	108,9	100,0	94,0	96,4	Mineral oil refining
100,3	98,2	99,9	100,0	99,1	102,4	Stones and earths
114,8	106,6	104,5	100,0	95,6	90,4	Iron and steel industry
99,6	94,0	97,0	100,0	100,5	97,5	Foundries
99,4	99,6	100,2	100,0	101,5	100,3	Chemical industry
102,1	100,1	100,0	100,0	100,3	102,1	Other basic products
99,8	98,4	98,3	100,0	102,1	102,6	Manufacture of capital goods
102,2	101,4	100,1	100,0	100,1	105,0	Structural metal products
99,4	98,0	97,5	100,0	103,9	102,7	Mechanical engineering
102,1	99,0	98,7	100,0	101,0	102,1	Manufacture of road vehicles
98,3	98,5	98,1	100,0	101,1	101,3	Electrical engineering
106,3	104,2	103,3	100,0	99,6	100,4	Precision and optical instruments
102,1	101,8	104,4	100,0	96,1	96,8	Office machinery, data proc. equip.
96,7	95,4	96,9	100,0	104,0	106,0	Other capital goods
101,0	99,7	99,9	100,0	101,6	103,9	Manufacture of consumer goods
95,9	94,9	97,4	100,0	101,9	108,0	Manufacture of wood products
100,0	99,8	99,9	100,0	103,1	108,2	Printing and duplicating
108,4	105,5	103,5	100,0	96,7	92,7	Textile industry
100,5	99,3	99,5	100,0	102,6	104,9	Other consumer goods
101,9	101,8	101,4	100,0	104,5	112,9	Food, beverage and tobacco industry
100,7	99,3	99,3	100,0	101,7	102,9	Total manufacturing

Beschäftigtenstunden
Westdeutschland
Struktur in vH

	1980	1981	1982	1983	1984	1985
Grundstoffproduzierendes Gewerbe	21,1	21,0	20,9	21,0	21,0	20,5
Mineralölverarbeitung	0,5	0,5	0,5	0,5	0,5	0,4
Steine und Erden	2,9	2,8	2,7	2,7	2,7	2,5
Eisenschaffende Industrie	3,7	3,6	3,4	3,2	3,2	3,1
Gießereien	1,6	1,5	1,4	1,4	1,4	1,4
Chem. Ind., Spalt-, Brutstoffe	7,6	7,9	8,1	8,3	8,4	8,3
Sonst. Grundstoffprod.	4,8	4,7	4,7	4,8	4,8	4,7
Investitionsgüterprod. Gewerbe	50,7	51,1	51,6	51,5	51,6	52,9
Stahlbau	3,0	3,0	3,1	3,0	2,9	2,9
Maschinenbau	14,2	14,4	14,4	14,1	14,2	14,4
Straßenfahrzeugbau	10,2	10,4	10,8	11,2	11,0	11,6
Elektrotechnik	12,6	12,5	12,5	12,7	12,8	13,2
Feinmechanik, Optik	2,2	2,2	2,2	2,1	2,1	2,1
Büromaschinen, ADV	0,9	1,0	1,0	1,0	1,1	1,2
Sonst. Investitionsgüterprod.	7,6	7,7	7,6	7,4	7,5	7,5
Verbrauchsgüterprod. Gewerbe	20,9	20,4	20,0	20,0	19,9	19,4
Holzverarbeitung	3,3	3,2	3,0	3,1	3,1	2,9
Druckerei	2,5	2,5	2,6	2,5	2,5	2,4
Textilgewerbe	4,0	3,7	3,6	3,5	3,5	3,4
Sonst. Verbrauchsgüterprod.	11,1	10,9	10,8	10,8	10,9	10,7
Nahrungs- und Genußmittelherst.	7,2	7,4	7,5	7,5	7,4	7,3
Verarbeitendes Gewerbe	100,0	100,0	100,0	100,0	100,0	100,0

Hours Worked

Westgermany

% share

1986	1987	1988	1989	1990	1991	
20,1	19,9	20,0	19,7	19,4	19,1	Manufacture of basic products
0,4	0,4	0,4	0,4	0,3	0,3	Mineral oil refining
2,4	2,4	2,4	2,4	2,4	2,4	Stones and earths
2,9	2,7	2,7	2,5	2,4	2,2	Iron and steel industry
1,4	1,4	1,4	1,4	1,4	1,4	Foundries
8,3	8,5	8,5	8,4	8,4	8,2	Chemical industry
4,6	4,6	4,6	4,6	4,5	4,5	Other basic products
53,8	53,8	53,8	54,3	54,5	54,1	Manufacture of capital goods
2,8	2,8	2,8	2,8	2,7	2,8	Structural metal products
14,5	14,5	14,4	14,7	15,0	14,7	Mechanical engineering
12,1	11,9	11,9	11,9	11,8	11,8	Manufacture of road vehicles
13,4	13,6	13,6	13,8	13,7	13,5	Electrical engineering
2,1	2,1	2,1	2,0	2,0	2,0	Precision and optical instruments
1,2	1,2	1,2	1,2	1,1	1,1	Office machinery, data proc. equip.
7,6	7,6	7,8	8,0	8,1	8,2	Other capital goods
19,0	19,0	19,1	19,0	18,9	19,1	Manufacture of consumer goods
2,8	2,8	2,9	2,9	2,9	3,1	Manufacture of wood products
2,4	2,4	2,4	2,4	2,4	2,5	Printing and duplicating
3,3	3,2	3,2	3,0	2,9	2,7	Textile industry
10,6	10,6	10,7	10,6	10,7	10,8	Other consumer goods
7,1	7,2	7,2	7,0	7,2	7,7	Food, beverage and tobacco industry
100,0	100,0	100,0	100,0	100,0	100,0	Total manufacturing

Durchschnittliche Jahresarbeitszeit

Westdeutschland

in Stunden

	1980	1981	1982	1983	1984	1985
Grundstoffproduzierendes Gewerbe	1 723	1 697	1 674	1 685	1 705	1 680
Mineralölverarbeitung	1 734	1 727	1 728	1 717	1 708	1 676
Steine und Erden	1 924	1 860	1 824	1 852	1 837	1 779
Eisenschaffende Industrie	1 636	1 615	1 549	1 516	1 622	1 595
Gießereien	1 694	1 664	1 625	1 642	1 675	1 680
Chem. Ind., Spalt-, Brutstoffe	1 683	1 680	1 670	1 684	1 681	1 667
Sonst. Grundstoffprod.	1 756	1 710	1 711	1 740	1 746	1 715
Investitionsgüterprod. Gewerbe	1 680	1 651	1 639	1 645	1 646	1 647
Stahlbau	1 789	1 753	1 746	1 735	1 738	1 727
Maschinenbau	1 753	1 700	1 672	1 657	1 703	1 702
Straßenfahrzeugbau	1 602	1 602	1 590	1 617	1 558	1 602
Elektrotechnik	1 625	1 599	1 602	1 622	1 623	1 607
Feinmechanik, Optik	1 678	1 645	1 644	1 640	1 659	1 658
Büromaschinen, ADV	1 633	1 596	1 620	1 613	1 630	1 578
Sonst. Investitionsgüterprod.	1 720	1 692	1 677	1 673	1 686	1 665
Verbrauchsgüterprod. Gewerbe	1 668	1 634	1 637	1 669	1 670	1 650
Holzverarbeitung	1 752	1 686	1 670	1 730	1 730	1 690
Druckerei	1 728	1 705	1 706	1 723	1 697	1 664
Textilgewerbe	1 652	1 602	1 614	1 646	1 655	1 647
Sonst. Verbrauchsgüterprod.	1 637	1 615	1 620	1 647	1 653	1 637
Nahrungs- und Genußmittelherst.	1 860	1 848	1 852	1 854	1 839	1 825
Verarbeitendes Gewerbe	1 698	1 670	1 660	1 672	1 676	1 666

Hours Worked per Employee

Westgermany

1986	1987	1988	1989	1990	1991	
1 663	1 652	1 666	1 647	1 630	1 607	Manufacture of basic products
1 673	1 679	1 669	1 631	1 624	1 628	Mineral oil refining
1 809	1 798	1 821	1 835	1 813	1 791	Stones and earths
1 543	1 551	1 596	1 549	1 515	1 497	Iron and steel industry
1 635	1 591	1 630	1 630	1 595	1 531	Foundries
1 653	1 642	1 641	1 623	1 621	1 592	Chemical industry
1 698	1 681	1 691	1 668	1 636	1 621	Other basic products
1 630	1 597	1 595	1 588	1 569	1 545	Manufacture of capital goods
1 727	1 702	1 696	1 690	1 670	1 664	Structural metal products
1 667	1 636	1 645	1 642	1 619	1 569	Mechanical engineering
1 634	1 558	1 546	1 550	1 533	1 520	Manufacture of road vehicles
1 579	1 565	1 550	1 533	1 517	1 500	Electrical engineering
1 617	1 602	1 610	1 591	1 591	1 552	Precision and optical instruments
1 536	1 518	1 597	1 568	1 514	1 541	Office machinery, data proc. equip.
1 634	1 618	1 624	1 621	1 595	1 573	Other capital goods
1 638	1 626	1 627	1 604	1 583	1 559	Manufacture of consumer goods
1 691	1 689	1 702	1 683	1 656	1 637	Manufacture of wood products
1 653	1 632	1 616	1 581	1 567	1 550	Printing and duplicating
1 622	1 615	1 616	1 599	1 576	1 549	Textile industry
1 626	1 612	1 613	1 591	1 570	1 542	Other consumer goods
1 815	1 814	1 810	1 783	1 773	1 747	Food, beverage and tobacco industry
1 650	1 627	1 629	1 615	1 596	1 573	Total manufacturing

Durchschnittliche Jahresarbeitszeit

Westdeutschland

Veränderungen gegenüber dem Vorjahr in vH

	1981	1982	1983	1984	1985	1986
Grundstoffproduzierendes Gewerbe	-1,5	-1,3	0,7	1,2	-1,4	-1,1
Mineralölverarbeitung	-0,4	0,1	-0,6	-0,6	-1,9	-0,2
Steine und Erden	-3,4	-1,9	1,5	-0,8	-3,2	1,7
Eisenschaffende Industrie	-1,3	-4,1	-2,1	7,0	-1,7	-3,2
Gießereien	-1,8	-2,3	1,1	2,0	0,3	-2,7
Chem. Ind., Spalt-, Brutstoffe	-0,2	-0,6	0,8	-0,2	-0,8	-0,9
Sonst. Grundstoffprod.	-2,6	0,1	1,7	0,4	-1,8	-1,0
Investitionsgüterprod. Gewerbe	-1,7	-0,7	0,3	0,1	0,0	-1,0
Stahlbau	-2,0	-0,4	-0,6	0,1	-0,6	0,0
Maschinenbau	-3,0	-1,7	-0,9	2,8	-0,0	-2,1
Straßenfahrzeugbau	0,0	-0,8	1,7	-3,6	2,8	2,0
Elektrotechnik	-1,6	0,1	1,3	0,0	-0,9	-1,8
Feinmechanik, Optik	-2,0	-0,0	-0,3	1,2	-0,0	-2,5
Büromaschinen, ADV	-2,3	1,5	-0,4	1,0	-3,2	-2,7
Sonst. Investitionsgüterprod.	-1,7	-0,9	-0,2	0,7	-1,2	-1,9
Verbrauchsgüterprod. Gewerbe	-2,0	0,2	2,0	0,1	-1,2	-0,8
Holzverarbeitung	-3,8	-1,0	3,6	-0,0	-2,3	0,0
Druckerei	-1,3	0,1	1,0	-1,5	-2,0	-0,7
Textilgewerbe	-3,0	0,7	2,0	0,6	-0,5	-1,5
Sonst. Verbrauchsgüterprod.	-1,4	0,3	1,7	0,3	-0,9	-0,7
Nahrungs- und Genußmittelherst.	-0,6	0,2	0,1	-0,8	-0,8	-0,5
Verarbeitendes Gewerbe	-1,6	-0,6	0,7	0,2	-0,6	-1,0

Hours Worked per Employee

Westgermany

% change on previous year

1987	1988	1989	1990	1991	
-0,6	0,8	-1,1	-1,1	-1,4	Manufacture of basic products
0,4	-0,6	-2,3	-0,4	0,3	Mineral oil refining
-0,6	1,3	0,8	-1,2	-1,2	Stones and earths
0,5	2,9	-3,0	-2,2	-1,2	Iron and steel industry
-2,7	2,4	0,0	-2,2	-4,0	Foundries
-0,7	-0,0	-1,1	-0,1	-1,7	Chemical industry
-1,0	0,6	-1,4	-1,9	-0,9	Other basic products
-2,0	-0,1	-0,4	-1,2	-1,5	Manufacture of capital goods
-1,4	-0,4	-0,3	-1,2	-0,4	Structural metal products
-1,8	0,5	-0,2	-1,4	-3,1	Mechanical engineering
-4,7	-0,8	0,3	-1,1	-0,8	Manufacture of road vehicles
-0,9	-0,9	-1,1	-1,0	-1,1	Electrical engineering
-1,0	0,5	-1,2	0,0	-2,5	Precision and optical instruments
-1,1	5,2	-1,9	-3,4	1,7	Office machinery, data proc. equip.
-1,0	0,4	-0,2	-1,6	-1,4	Other capital goods
-0,7	0,1	-1,4	-1,3	-1,5	Manufacture of consumer goods
-0,1	0,7	-1,1	-1,6	-1,1	Manufacture of wood products
-1,3	-1,0	-2,2	-0,9	-1,1	Printing and duplicating
-0,4	0,1	-1,1	-1,5	-1,7	Textile industry
-0,9	0,1	-1,4	-1,3	-1,7	Other consumer goods
-0,1	-0,2	-1,5	-0,6	-1,5	Food, beverage and tobacco industry
-1,4	0,1	-0,8	-1,2	-1,5	Total manufacturing

Durchschnittliche Jahresarbeitszeit

Westdeutschland

Index 1989 = 100

	1980	1981	1982	1983	1984	1985
Grundstoffproduzierendes Gewerbe	104,6	103,0	101,6	102,3	103,5	102,0
Mineralölverarbeitung	106,3	105,9	105,9	105,3	104,7	102,8
Steine und Erden	104,8	101,3	99,4	100,9	100,1	96,9
Eisenschaffende Industrie	105,6	104,3	100,0	97,9	104,7	103,0
Gießereien	103,9	102,0	99,7	100,7	102,7	103,1
Chem. Ind., Spalt-, Brutstoffe	103,7	103,5	102,9	103,7	103,6	102,7
Sonst. Grundstoffprod.	105,3	102,5	102,6	104,3	104,7	102,8
Investitionsgüterprod. Gewerbe	105,8	104,0	103,2	103,5	103,6	103,7
Stahlbau	105,8	103,7	103,3	102,7	102,8	102,2
Maschinenbau	106,8	103,6	101,8	100,9	103,7	103,7
Straßenfahrzeugbau	103,4	103,4	102,6	104,3	100,5	103,3
Elektrotechnik	106,0	104,3	104,5	105,8	105,8	104,8
Feinmechanik, Optik	105,5	103,4	103,4	103,1	104,3	104,2
Büromaschinen, ADV	104,1	101,8	103,3	102,9	103,9	100,7
Sonst. Investitionsgüterprod.	106,1	104,4	103,5	103,2	104,0	102,8
Verbrauchsgüterprod. Gewerbe	104,0	101,9	102,0	104,0	104,1	102,8
Holzverarbeitung	104,1	100,2	99,2	102,8	102,8	100,4
Druckerei	109,3	107,9	107,9	109,0	107,4	105,3
Textilgewerbe	103,3	100,2	100,9	102,9	103,5	103,0
Sonst. Verbrauchsgüterprod.	102,9	101,5	101,8	103,5	103,9	102,9
Nahrungs- und Genußmittelherst.	104,3	103,6	103,8	104,0	103,1	102,3
Verarbeitendes Gewerbe	105,1	103,4	102,8	103,5	103,8	103,1

Hours Worked per Employee

Westgermany

1989 = 100

1986	1987	1988	1989	1990	1991	
100,9	100,3	101,1	100,0	98,9	97,5	Manufacture of basic products
102,6	102,9	102,3	100,0	99,6	99,8	Mineral oil refining
98,5	98,0	99,2	100,0	98,8	97,6	Stones and earths
99,6	100,1	103,1	100,0	97,8	96,7	Iron and steel industry
100,3	97,6	100,0	100,0	97,8	93,9	Foundries
101,8	101,1	101,1	100,0	99,9	98,1	Chemical industry
101,8	100,8	101,4	100,0	98,1	97,2	Other basic products
102,6	100,5	100,4	100,0	98,8	97,3	Manufacture of capital goods
102,2	100,7	100,3	100,0	98,8	98,4	Structural metal products
101,5	99,7	100,2	100,0	98,6	95.5	Mechanical engineering
105,4	100,5	99,7	100,0	98,9	98,1	Manufacture of road vehicles
103,0	102,1	101,1	100,0	99,0	97,8	Electrical engineering
101,7	100,7	101,2	100,0	100,0	97,5	Precision and optical instruments
98,0	96,8	101,9	100,0	96,6	98,3	Office machinery, data proc. equip.
100,8	99,9	100,2	100,0	98,4	97,1	Other capital goods
102,1	101,3	101,4	100,0	98,7	97,2	Manufacture of consumer goods
100,5	100,4	101,1	100,0	98,4	97,3	Manufacture of wood products
104,6	103,3	102,2	100,0	99,1	98,0	Printing and duplicating
101,4	101,0	101,1	100,0	98,5	96,8	Textile industry
102,2	101,3	101,4	100,0	98,7	97,0	Other consumer goods
101,8	101,7	101,5	100,0	99,4	98,0	Food, beverage and tobacco industry
102,1	100,7	100,8	100,0	98,8	97,4	Total manufacturing

Bruttowertschöpfung

Westdeutschland

in Mrd. DM zu Preisen von 1990

	1980	1981	1982	1983	1984	1985
Grundstoffproduzierendes Gewerbe	149,8	141,7	133,7	138,1	144,1	143,3
Mineralölverarbeitung	29,8	26,5	25,3	24,2	23,9	23,2
Steine und Erden	16,0	14,2	12,1	12,1	11,8	10,8
Eisenschaffende Industrie	18,8	18,0	15,4	15,3	16,6	17,0
Gießereien	7,3	6,8	6,5	6,2	6,6	6,8
Chem. Ind., Spalt-, Brutstoffe	55,4	55,6	53,5	57,4	61,3	62,8
Sonst. Grundstoffprod.	22,4	20,7	20,9	23,0	24,0	22,8
Investitionsgüterprod. Gewerbe	262,3	260,5	255,4	254,3	262,6	286,4
Stahlbau	12,3	11,9	12,0	11,4	10,8	10,6
Maschinenbau	76,3	74,5	72,4	69,8	71,1	76,4
Straßenfahrzeugbau	62,7	64,9	64,4	65,8	65,3	73,2
Elektrotechnik	64,6	62,9	62,1	62,4	66,9	73,9
Feinmechanik, Optik	8,7	8,4	7,8	7,8	8,3	9,1
Büromaschinen, ADV	3,8	4,2	4,3	5,2	6,8	8,4
Sonst. Investitionsgüterprod.	33,9	33,7	32,4	31,9	33,4	34,7
Verbrauchsgüterprod. Gewerbe	83,0	77,9	73,9	74,6	76,5	76,9
Holzverarbeitung	16,5	14,9	13,4	13,6	13,5	12,7
Druckerei	10,7	10,5	10,2	10,1	10,6	10,7
Textilgewerbe	13,4	12,4	11,7	11,8	12,1	12,5
Sonst. Verbrauchsgüterprod.	42,4	40,2	38,6	39,1	40,3	41,1
Nahrungs- und Genußmittelherst.	41,3	42,0	40,8	41,4	42,2	42,8
Verarbeitendes Gewerbe	536,4	522,2	503,8	508,4	525,4	549,5

Gross Value Added

Westgermany

in DM billions at 1990 prices

1986	1987	1988	1989	1990	1991	
142,0	142,8	153,7	157,2	158,8	159,5	Manufacture of basic products
22,6	21,8	23,6	22,8	23,9	24,0	Mineral oil refining
11,0	10,7	11,5	12,2	12,9	13,7	Stones and earths
15,8	15,0	17,1	17,3	16,1	16,0	Iron and steel industry
6,8	7,0	7,5	7,4	7,6	7,1	Foundries
62,5	64,3	68,3	70,1	70,7	71,0	Chemical industry
23,4	23,9	25,7	27,4	27,6	27,6	Other basic products
297,8	299,1	310,6	332,7	351,9	362,0	Manufacture of capital goods
10,4	10,3	11,0	11,5	12,2	13,4	Structural metal products
80,0	78,2	81,1	88,9	94,3	93,6	Mechanical engineering
76,3	78,2	78,7	84,2	88,8	90,9	Manufacture of road vehicles
77,9	77,9	82,4	88,5	93,4	97,1	Electrical engineering
9,4	9,4	9,8	9,6	10,1	11,2	Precision and optical instruments
8,7	9,0	9,7	9,2	9,6	11,3	Office machinery. data proc. equip.
35,1	36,1	37,9	40,8	43,4	44,5	Other capital goods
78,6	79,4	82,0	85,3	90,0	93,2	Manufacture of consumer goods
12,8	13,1	13,6	14,4	15,3	16,6	Manufacture of wood products
11,0	11,4	11,7	12,2	13,3	13,8	Printing and duplicating
12,4	12,2	12,2	12,3	12,6	12,1	Textile industry
42,3	42,8	44,4	46,4	48,9	50,7	Other consumer goods
44,0	43,6	45,0	46,3	52,4	58,7	Food, beverage and tobacco industry
562,4	565,0	591,3	621,5	653,2	673,4	Total manufacturing

Bruttowertschöpfung

Westdeutschland

Veränderungen gegenüber dem Vorjahr in vH

	1981	1982	1983	1984	1985	1986
Grundstoffproduzierendes Gewerbe	-5,4	-5,7	3,3	4,3	-0,5	-0,9
Mineralölverarbeitung	-11,2	-4,5	-4,5	-1,2	-2,9	-2,7
Steine und Erden	-11,6	-14,6	-0,3	-2,1	-8,8	2,0
Eisenschaffende Industrie	-4,2	-14,4	-0,7	8,7	2,6	-7,5
Gießereien	-6,5	-5,0	-4,1	5,4	3,1	1,1
Chem. Ind., Spalt-, Brutstoffe	0,2	-3,7	7,3	6,8	2,4	-0,5
Sonst. Grundstoffprod.	-7,8	1,1	10,0	4,2	-4,8	2,7
Investitionsgüterprod. Gewerbe	-0,7	-2,0	-0,4	3,3	9,1	4,0
Stahlbau	-3,4	0,6	-4,8	-5,7	-1,7	-2,0
Maschinenbau	-2,4	-2,9	-3,5	1,9	7,4	4,7
Straßenfahrzeugbau	3,6	-0,8	2,2	-0,8	12,2	4,2
Elektrotechnik	-2,7	-1,2	0,4	7,3	10,4	5,4
Feinmechanik, Optik	-3,6	-7,1	-0,4	6,8	9,9	3,2
Büromaschinen, ADV	12,9	2,5	20,2	30,1	24,1	3,4
Sonst. Investitionsgüterprod.	-0,7	-3,7	-1,6	4,6	3,9	1,3
Verbrauchsgüterprod. Gewerbe	-6,1	-5,1	0,9	2,6	0,5	2,2
Holzverarbeitung	-10,0	-10,2	1,8	-0,6	-6,1	1,1
Druckerei	-1,9	-3,0	-0,5	4,3	1,5	3,1
Textilgewerbe	-7,4	-5,2	0,2	3,1	2,8	-0,3
Sonst. Verbrauchsgüterprod.	-5,2	-3,8	1,2	3,1	1,8	3,1
Nahrungs- und Genußmittelherst.	1,7	-2,9	1,5	1,8	1,6	2,6
Verarbeitendes Gewerbe	-2,7	-3,5	0,9	3,3	4,6	2,4

Gross Value Added

Westgermany

% change on previous year

1987	1988	1989	1990	1991	
0,5	7,6	2,3	1,1	0,4	Manufacture of basic products
-3,2	8,0	-3,4	5,0	0,2	Mineral oil refining
-2,1	7,0	6,1	5,6	6,5	Stones and earths
-4,5	13,9	0,7	-6,7	-0,3	Iron and steel industry
2,0	7,2	-0,5	2,7	-7,0	Foundries
2,9	6,2	2,6	0,9	0,4	Chemical industry
2,0	7,4	6,8	0,7	0,1	Other basic products
0,4	3,8	7,1	5,8	2,9	Manufacture of capital goods
-0,1	6,2	5,1	6,0	9,7	Structural metal products
-2,2	3,7	9,5	6,1	-0,7	Mechanical engineering
2,4	0,7	7,0	5,6	2,3	Manufacture of road vehicles
0,0	5,8	7,5	5,5	4,0	Electrical engineering
-0,6	4,9	-2,4	5,5	10,5	Precision and optical instruments
3,5	7,5	-5,2	4,3	17,5	Office machinery, data proc. equip.
2,8	4,9	7,8	6,4	2,5	Other capital goods
1,0	3,2	4,0	5,6	3,5	Manufacture of consumer goods
1,9	4,2	5,6	6,4	8,3	Manufacture of wood products
2,8	3,2	4,1	8,7	4,4	Printing and duplicating
-1,7	0,2	0,7	2,2	-3,8	Textile industry
1,1	3,8	4,4	5,4	3,6	Other consumer goods
-0,8	3,2	2,9	13,2	11,9	Food, beverage and tobacco industry
0,5	4,7	5,1	5,1	3,1	Total manufacturing

Bruttowertschöpfung

Westdeutschland

Index 1989 = 100

	1980	1981	1982	1983	1984	1985
Grundstoffproduzierendes Gewerbe	95,3	90,2	85,1	87,9	91,7	91,2
Mineralölverarbeitung	131,0	116,3	111,1	106,1	104,8	101,8
Steine und Erden	131,2	116,0	99,1	98,8	96,8	88,2
Eisenschaffende Industrie	108,7	104,2	89,2	88,5	96,2	98,7
Gießereien	98,1	91,8	87,2	83,7	88,2	90,9
Chem. Ind., Spalt-, Brutstoffe	79,1	79,3	76,4	81,9	87,5	89,6
Sonst. Grundstoffprod.	81,8	75,4	76,2	83,9	87,4	83,2
Investitionsgüterprod. Gewerbe	78,8	78,3	76,8	76,4	78,9	86,1
Stahlbau	106,8	103,2	103,7	98,8	93,2	91,6
Maschinenbau	85,9	83,9	81,4	78,6	80,1	86,0
Straßenfahrzeugbau	74,5	77,1	76,5	78,2	77,6	87,0
Elektrotechnik	73,0	71,0	70,2	70,5	75,6	83,5
Feinmechanik, Optik	90,9	87,6	81,4	81,0	86,5	95,1
Büromaschinen, ADV	40,8	46,0	47,2	56,7	73,8	91,6
Sonst. Investitionsgüterprod.	83,1	82,5	79,4	78,1	81,7	85,0
Verbrauchsgüterprod. Gewerbe	97,3	91,4	86,7	87,5	89,7	90,2
Holzverarbeitung	114,9	103,4	92,9	94,6	94,0	88,3
Druckerei	87,6	85,9	83,3	82,9	86,5	87,8
Textilgewerbe	108,5	100,5	95,3	95,4	98,4	101,2
Sonst. Verbrauchsgüterprod.	91,3	86,6	83,3	84,3	87,0	88,5
Nahrungs- und Genußmittelherst.	89,3	90,8	88,1	89,4	91,1	92,5
Verarbeitendes Gewerbe	86,3	84,0	81,1	81,8	84,5	88,4

Gross Value Added

Westgermany

1989 = 100

1986	1987	1988	1989	1990	1991	
90,4	90,9	97,8	100,0	101,1	101,5	Manufacture of basic products
99,0	95,9	103,5	100,0	105,0	105,3	Mineral oil refining
90,0	88,0	94,2	100,0	105,6	112,5	Stones and earths
91,3	87,2	99,3	100,0	93,3	93,0	Iron and steel industry
91,9	93,8	100,5	100,0	102,7	95,5	Foundries
89,2	91,8	97,5	100,0	100,9	101,3	Chemical industry
85,4	87,2	93,6	100,0	100,7	100,8	Other basic products
89,5	89,9	93,3	100,0	105,8	108,8	Manufacture of capital goods
89,7	89,6	95,2	100,0	106,0	116,4	Structural metal products
90,0	88,1	91,3	100,0	106,1	105,4	Mechanical engineering
90,7	92,9	93,5	100,0	105,6	108,0	Manufacture of road vehicles
88,0	88,0	93,1	100,0	105,5	109,7	Electrical engineering
98,1	97,6	102,4	100,0	105,5	116,5	Precision and optical instruments
94,8	98,1	105,5	100,0	104,3	122,5	Office machinery, data proc. equip.
86,1	88,5	92,8	100,0	106,4	109,0	Other capital goods
92,2	93,1	96,1	100,0	105,6	109,3	Manufacture of consumer goods
89,2	90,9	94,7	100,0	106,4	115,3	Manufacture of wood products
90,6	93,1	96,1	100,0	108,7	113,5	Printing and duplicating
100,8	99,2	99,3	100,0	102,2	98,3	Textile industry
91,2	92,2	95,8	100,0	105,4	109,2	Other consumer goods
94,9	94,2	97,2	100,0	113,2	126,7	Food, beverage and tobacco industry
90,5	90,9	95,1	100,0	105,1	108,4	Total manufacturing

Bruttowertschöpfung
Westdeutschland
Struktur in vH

	1980	1981	1982	1983	1984	1985
Grundstoffproduzierendes Gewerbe	27,9	27,1	26,5	27,2	27,4	26,1
Mineralölverarbeitung	5,6	5,1	5,0	4,8	4,5	4,2
Steine und Erden	3,0	2,7	2,4	2,4	2,2	2,0
Eisenschaffende Industrie	3,5	3,4	3,1	3,0	3,2	3,1
Gießereien	1,4	1,3	1,3	1,2	1,3	1,2
Chem. Ind., Spalt-, Brutstoffe	10,3	10,6	10,6	11,3	11,7	11,4
Sonst. Grundstoffprod.	4,2	4,0	4,1	4,5	4,6	4,2
Investitionsgüterprod. Gewerbe	48,9	49,9	50,7	50,0	50,0	52,1
Stahlbau	2,3	2,3	2,4	2,2	2,0	1,9
Maschinenbau	14,2	14,3	14,4	13,7	13,5	13,9
Straßenfahrzeugbau	11,7	12,4	12,8	12,9	12,4	13,3
Elektrotechnik	12,0	12,0	12,3	12,3	12,7	13,5
Feinmechanik, Optik	1,6	1,6	1,5	1,5	1,6	1,7
Büromaschinen, ADV	0,7	0,8	0,9	1,0	1,3	1,5
Sonst. Investitionsgüterprod.	6,3	6,4	6,4	6,3	6,4	6,3
Verbrauchsgüterprod. Gewerbe	15,5	14,9	14,7	14,7	14,6	14,0
Holzverarbeitung	3,1	2,8	2,7	2,7	2,6	2,3
Druckerei	2,0	2,0	2,0	2,0	2,0	1,9
Textilgewerbe	2,5	2,4	2,3	2,3	2,3	2,3
Sonst. Verbrauchsgüterprod.	7,9	7,7	7,7	7,7	7,7	7,5
Nahrungs- und Genußmittelherst.	7,7	8,1	8,1	8,1	8,0	7,8
Verarbeitendes Gewerbe	100,0	100,0	100,0	100,0	100,0	100,0

Gross Value Added

Westgermany

% share

1986	1987	1988	1989	1990	1991	
25,3	25,3	26,0	25,3	24,3	23,7	Manufacture of basic products
4,0	3,9	4,0	3,7	3,7	3,6	Mineral oil refining
2,0	1,9	1,9	2,0	2,0	2,0	Stones and earths
2,8	2,7	2,9	2,8	2,5	2,4	Iron and steel industry
1,2	1,2	1,3	1,2	1,2	1,1	Foundries
11,1	11,4	11,6	11,3	10,8	10,5	Chemical industry
4,2	4,2	4,3	4,4	4,2	4,1	Other basic products
53,0	52,9	52,5	53,5	53,9	53,8	Manufacture of capital goods
1,8	1,8	1,9	1,9	1,9	2,0	Structural metal products
14,2	13,8	13,7	14,3	14,4	13,9	Mechanical engineering
13,6	13,8	13,3	13,5	13,6	13,5	Manufacture of road vehicles
13,8	13,8	13,9	14,2	14,3	14,4	Electrical engineering
1,7	1,7	1,7	1,5	1,5	1,7	Precision and optical instruments
1,6	1,6	1,6	1,5	1,5	1,7	Office machinery, data proc. equip.
6,2	6,4	6,4	6,6	6,6	6,6	Other capital goods
14,0	14,1	13,9	13,7	13,8	13,8	Manufacture of consumer goods
2,3	2,3	2,3	2,3	2,3	2,5	Manufacture of wood products
2,0	2,0	2,0	2,0	2,0	2,1	Printing and duplicating
2,2	2,2	2,1	2,0	1,9	1,8	Textile industry
7,5	7,6	7,5	7,5	7,5	7,5	Other consumer goods
7,8	7,7	7,6	7,5	8,0	8,7	Food, beverage and tobacco industry
100,0	100,0	100,0	100,0	100,0	100,0	Total manufacturing

Arbeitsproduktivität

Westdeutschland

in 1 000 DM zu Preisen von 1990

	1980	1981	1982	1983	1984	1985
Grundstoffproduzierendes Gewerbe	97,0	94,3	92,3	99,1	105,1	104,8
Mineralölverarbeitung	890,5	770,1	737,1	747,2	773,0	786,6
Steine und Erden	82,9	76,9	70,1	72,7	71,6	68,8
Eisenschaffende Industrie	66,0	65,9	59,8	64,1	74,8	78,6
Gießereien	63,1	62,6	63,2	64,4	70,1	70,7
Chem. Ind., Spalt-, Brutstoffe	97,3	98,0	95,4	104,2	110,9	112,2
Sonst. Grundstoffprod.	64,5	61,8	65,4	74,2	78,0	73,6
Investitionsgüterprod. Gewerbe	68,9	69,4	69,9	72,4	75,3	79,5
Stahlbau	58,1	57,2	58,3	58,1	57,3	56,9
Maschinenbau	74,5	72,8	72,5	73,0	76,5	80,4
Straßenfahrzeugbau	78,2	82,5	81,7	84,7	83,1	90,6
Elektrotechnik	66,3	66,3	68,3	71,4	76,2	80,1
Feinmechanik, Optik	52,3	52,1	50,5	55,4	60,1	63,2
Büromaschinen, ADV	53,8	58,7	62,7	74,0	88,7	101,7
Sonst. Investitionsgüterprod.	60,5	61,0	61,3	64,1	67,9	68,6
Verbrauchsgüterprod. Gewerbe	52,4	51,5	52,1	55,6	57,7	58,4
Holzverarbeitung	68,7	64,6	63,5	68,0	68,6	66,7
Druckerei	58,1	57,9	58,4	61,3	65,1	65,9
Textilgewerbe	44,0	43,8	45,1	48,7	51,5	53,9
Sonst. Verbrauchsgüterprod.	49,6	49,1	50,0	53,3	55,1	56,0
Nahrungs- und Genußmittelherst.	84,3	86,2	86,5	91,3	93,8	96,2
Verarbeitendes Gewerbe	72,2	72,0	72,1	75,9	79,2	81,6

Labour Productivity

Westgermany

in DM 1 000 at 1990 prices

1986	1987	1988	1989	1990	1991	
104,1	106,2	114,9	116,9	116,9	116,3	Manufacture of basic products
823,7	819,7	916,6	942,4	1047,9	1027,3	Mineral oil refining
72,7	72,2	76,9	82,2	86,5	88,1	Stones and earths
74,9	77,4	92,5	94,5	90,2	94,0	Iron and steel industry
69,7	73,3	78,0	75,3	75,2	69,3	Foundries
109,7	112,0	118,2	120,1	119,3	119,0	Chemical industry
76,1	78,4	84,7	89,3	87,9	85,7	Other basic products
79,8	79,6	82,7	86,7	88,7	89,4	Manufacture of capital goods
56,4	56,0	60,0	62,8	65,8	68,5	Structural metal products
81,2	79,1	82,9	88,3	88,9	86,6	Mechanical engineering
91,1	91,8	91,9	97,3	100,7	101,0	Manufacture of road vehicles
81,0	80,1	84,3	87,9	90,7	93,1	Electrical engineering
63,7	64,0	68,1	67,9	71,9	76,9	Precision and optical instruments
100,7	103,4	114,0	110,8	116,1	137,8	Office machinery, data proc. equip.
66,4	68,6	71,1	74,1	74,5	74,0	Other capital goods
59,8	60,8	62,7	64,2	65,9	65,7	Manufacture of consumer goods
69,1	71,1	72,8	74,0	76,1	76,8	Manufacture of wood products
67,8	68,9	70,4	71,6	74,8	73,6	Printing and duplicating
54,6	55,0	56,2	57,9	60,3	59,5	Textile industry
57,4	58,2	60,3	61,9	62,7	62,5	Other consumer goods
99,3	98,6	102,0	104,8	112,8	115,2	Food, beverage and tobacco industry
82,1	82,5	86,4	89,4	91,3	91,6	Total manufacturing

Arbeitsproduktivität

Westdeutschland

Veränderungen gegenüber dem Vorjahr in vH

	1981	1982	1983	1984	1985	1986
Grundstoffproduzierendes Gewerbe	-2,8	-2,1	7,3	6,1	-0,3	-0,7
Mineralölverarbeitung	-13,5	-4,3	1,4	3,4	1,8	4,7
Steine und Erden	-7,3	-8,8	3,7	-1,6	-3,8	5,6
Eisenschaffende Industrie	-0,3	-9,1	7,1	16,6	5,2	-4,8
Gießereien	-0,8	1,0	2,0	8,8	0,9	-1,5
Chem. Ind., Spalt-, Brutstoffe	0,7	-2,6	9,3	6,5	1,2	-2,3
Sonst. Grundstoffprod.	-4,2	5,7	13,5	5,1	-5,6	3,5
Investitionsgüterprod. Gewerbe	0,9	0,6	3,6	3,9	5,7	0,3
Stahlbau	-1,5	1,8	-0,2	-1,5	-0,6	-1,0
Maschinenbau	-2,3	-0,5	0,7	4,7	5,1	1,0
Straßenfahrzeugbau	5,5	-1,0	3,8	-1,9	9,0	0,6
Elektrotechnik	0,1	3,0	4,5	6,8	5,1	1,0
Feinmechanik, Optik	-0,4	-3,1	9,8	8,6	5,2	0,8
Büromaschinen, ADV	9,1	7,0	17,9	20,0	14,6	-1,0
Sonst. Investitionsgüterprod.	0,9	0,3	4,7	5,9	1,1	-3,1
Verbrauchsgüterprod. Gewerbe	-1,6	1,1	6,8	3,6	1,3	2,4
Holzverarbeitung	-6,0	-1,6	7,1	0,8	-2,7	3,6
Druckerei	-0,3	0,9	4,9	6,2	1,2	2,9
Textilgewerbe	-0,5	3,0	8,0	5,7	4,7	1,3
Sonst. Verbrauchsgüterprod.	-0,8	1,7	6,6	3,4	1,7	2,4
Nahrungs- und Genußmittelherst.	2,2	0,4	5,6	2,8	2,5	3,3
Verarbeitendes Gewerbe	-0,3	0,1	5,3	4,3	3,1	0,5

Labour Productivity

Westgermany

% change on previous year

1987	1988	1989	1990	1991	
2,1	8,2	1,7	0,0	-0,5	Manufacture of basic products
-0,5	11,8	2,8	11,2	-2,0	Mineral oil refining
-0,7	6,6	6,9	5,2	1,8	Stones and earths
3,3	19,6	2,1	-4,5	4,2	Iron and steel industry
5,2	6,4	-3,5	-0,1	-7,9	Foundries
2,1	5,6	1,6	-0,7	-0,2	Chemical industry
3,0	8,1	5,4	-1,6	-2,5	Other basic products
-0,3	3,9	4,9	2,4	0,7	Manufacture of capital goods
-0,7	7,1	4,8	4,7	4,2	Structural metal products
-2,6	4,8	6,5	0,6	-2,5	Mechanical engineering
0,7	0,1	5,9	3,5	0,4	Manufacture of road vehicles
-1,0	5,2	4,2	3,2	2,6	Electrical engineering
0,4	6,4	-0,3	6,0	6,8	Precision and optical instruments
2,6	10,3	-2,8	4,8	18,6	Office machinery, data proc. equip.
3,2	3,7	4,2	0,6	-0,7	Other capital goods
1,6	3,1	2,5	2,5	-0,3	Manufacture of consumer goods
2,9	2,3	1,7	2,8	1,0	Manufacture of wood products
1,6	2,1	1,7	4,5	-1,6	Printing and duplicating
0,6	2,2	3,1	4,2	-1,4	Textile industry
1,5	3,7	2,5	1,4	-0,4	Other consumer goods
-0,8	3,5	2,7	7,7	2,1	Food, beverage and tobacco industry
0,5	4,8	3,5	2,1	0,4	Total manufacturing

Arbeitsproduktivität

Westdeutschland

Index 1989 = 100

	1980	1981	1982	1983	1984	1985
Grundstoffproduzierendes Gewerbe	83,0	80,7	79,0	84,8	89,9	89,7
Mineralölverarbeitung	94,5	81,7	78,2	79,3	82,0	83,5
Steine und Erden	100,9	93,5	85,3	88,5	87,1	83,7
Eisenschaffende Industrie	69,9	69,7	63,3	67,8	79,1	83,2
Gießereien	83,8	83,1	83,9	85,6	93,2	93,9
Chem. Ind., Spalt-, Brutstoffe	81,0	81,5	79,4	86,7	92,4	93,4
Sonst. Grundstoffprod.	72,3	69,3	73,2	83,1	87,3	82,4
Investitionsgüterprod. Gewerbe	79,4	80,1	80,6	83,5	86,8	91,8
Stahlbau	92,5	91,1	92,7	92,5	91,1	90,6
Maschinenbau	84,4	82,5	82,1	82,7	86,6	91,1
Straßenfahrzeugbau	80,3	84,8	83,9	87,1	85,4	93,1
Elektrotechnik	75,4	75,5	77,8	81,3	86,8	91,2
Feinmechanik, Optik	77,0	76,7	74,3	81,6	88,6	93,2
Büromaschinen, ADV	48,5	52,9	56,6	66,8	80,1	91,8
Sonst. Investitionsgüterprod.	81,7	82,4	82,7	86,5	91,6	92,6
Verbrauchsgüterprod. Gewerbe	81,6	80,2	81,1	86,6	89,8	90,9
Holzverarbeitung	92,8	87,3	85,9	91,9	92,7	90,2
Druckerei	81,2	80,9	81,7	85,7	91,0	92,1
Textilgewerbe	76,0	75,6	77,9	84,1	89,0	93,1
Sonst. Verbrauchsgüterprod.	80,1	79,5	80,8	86,1	89,0	90,6
Nahrungs- und Genußmittelherst.	80,4	82,2	82,5	87,1	89,5	91,8
Verarbeitendes Gewerbe	80,8	80,5	80,6	84,9	88,6	91,3

Labour Productivity

Westgermany

1989 = 100

1986	1987	1988	1989	1990	1991	
89,0	90,9	98,3	100,0	100,0	99,5	Manufacture of basic products
87,4	87,0	97,3	100,0	111,2	109,0	Mineral oil refining
88,4	87,8	93,6	100,0	105,2	107,1	Stones and earths
79,2	81,9	97,9	100,0	95,5	99,5	Iron and steel industry
92,5	97,3	103,6	100,0	99,9	92,0	Foundries
91,3	93,2	98,4	100,0	99,3	99,1	Chemical industry
85,2	87,8	94,9	100,0	98,4	95,9	Other basic products
92,1	91,8	95,3	100,0	102,4	103,1	Manufacture of capital goods
89,7	89,1	95,4	100,0	104,7	109,0	Structural metal products
91,9	89,5	93,9	100,0	100,6	98,1	Mechanical engineering
93,6	94,3	94,4	100,0	103,5	103,8	Manufacture of road vehicles
92,1	91,2	96,0	100,0	103,2	105,9	Electrical engineering
93,9	94,2	100,3	100,0	106,0	113,2	Precision and optical instruments
90,9	93,3	102,9	100,0	104,8	124,4	Office machinery. data proc. equip.
89,7	92,6	95,9	100,0	100,6	99,9	Other capital goods
93,2	94,7	97,6	100,0	102,5	102,3	Manufacture of consumer goods
93,4	96,1	98,3	100,0	102,8	103,9	Manufacture of wood products
94,8	96,3	98,3	100,0	104,5	102,9	Printing and duplicating
94,3	94,9	97,0	100,0	104,2	102,7	Textile industry
92,7	94,1	97,6	100,0	101,4	101,0	Other consumer goods
94,8	94,1	97,3	100,0	107,7	110,0	Food, beverage and tobacco industry
91,8	92,2	96,6	100,0	102,1	102,5	Total manufacturing

Beschäftigtenstundenproduktivität

Westdeutschland

in DM zu Preisen von 1990

	1980	1981	1982	1983	1984	1985
Grundstoffproduzierendes Gewerbe	56,30	55,60	55,20	58,80	61,60	62,40
Mineralölverarbeitung	513,40	445,90	426,60	435,10	452,70	469,40
Steine und Erden	43,10	41,30	38,40	39,30	39,00	38,70
Eisenschaffende Industrie	40,40	40,80	38,60	42,30	46,10	49,30
Gießereien	37,20	37,60	38,90	39,20	41,90	42,10
Chem. Ind., Spalt-, Brutstoffe	57,80	58,30	57,10	61,90	66,00	67,30
Sonst. Grundstoffprod.	36,80	36,20	38,20	42,60	44,60	42,90
Investitionsgüterprod. Gewerbe	41,00	42,10	42,60	44,00	45,70	48,30
Stahlbau	32,50	32,60	33,40	33,50	32,90	33,00
Maschinenbau	42,50	42,80	43,40	44,10	44,90	47,20
Straßenfahrzeugbau	48,80	51,50	51,40	52,40	53,30	56,50
Elektrotechnik	40,80	41,50	42,70	44,00	47,00	49,80
Feinmechanik. Optik	31,20	31,70	30,70	33,80	36,20	38,10
Büromaschinen. ADV	32,90	36,80	38,70	45,90	54,50	64,50
Sonst. Investitionsgüterprod.	35,20	36,10	36,50	38,30	40,30	41,20
Verbrauchsgüterprod. Gewerbe	31,40	31,50	31,90	33,30	34,50	35,40
Holzverarbeitung	39,20	38,30	38,00	39,30	39,60	39,50
Druckerei	33,60	34,00	34,30	35,60	38,40	39,60
Textilgewerbe	26,70	27,30	28,00	29,60	31,10	32,70
Sonst. Verbrauchsgüterprod.	30,30	30,40	30,90	32,30	33,30	34,20
Nahrungs- und Genußmittelherst.	45,30	46,60	46,70	49,20	51,00	52,70
Verarbeitendes Gewerbe	42,50	43,10	43,40	45,40	47,20	49,00

Productivity per Hour Worked

Westgermany

in DM at 1990 prices

1986	1987	1988	1989	1990	1991	
62,60	64,30	69,00	71,00	71,70	72,40	Manufacture of basic products
492,50	488,30	549,40	577,80	645,30	630,90	Mineral oil refining
40,20	40,10	42,20	44,80	47,70	49,20	Stones and earths
48,50	49,90	58,00	61,00	59,50	62,80	Iron and steel industry
42,60	46,10	47,80	46,20	47,20	45,20	Foundries
66,40	68,20	72,00	74,00	73,60	74,70	Chemical industry
44,80	46,60	50,10	53,50	53,70	52,80	Other basic products
49,00	49,80	51,80	54,60	56,60	57,90	Manufacture of capital goods
32,60	32,90	35,40	37,20	39,40	41,20	Structural metal products
48,70	48,30	50,40	53,80	54,90	55,20	Mechanical engineering
55,80	58,90	59,40	62,80	65,70	66,40	Manufacture of road vehicles
51,30	51,20	54,40	57,30	59,80	62,10	Electrical engineering
39,40	39,90	42,30	42,70	45,20	49,50	Precision and optical instruments
65,60	68,10	71,40	70,70	76,70	89,40	Office machinery, data proc. equip.
40,70	42,40	43,80	45,70	46,70	47,00	Other capital goods
36,50	37,40	38,50	40,00	41,60	42,10	Manufacture of consumer goods
40,90	42,10	42,70	44,00	45,90	46,90	Manufacture of wood products
41,00	42,20	43,60	45,30	47,70	47,50	Printing and duplicating
33,70	34,00	34,70	36,20	38,30	38,40	Textile industry
35,30	36,10	37,40	38,90	39,90	40,50	Other consumer goods
54,70	54,40	56,40	58,80	63,60	65,90	Food, beverage and tobacco industry
49,70	50,70	53,00	55,30	57,20	58,30	Total manufacturing

Beschäftigtenstundenproduktivität

Westdeutschland

Veränderungen gegenüber dem Vorjahr in vH

	1981	1982	1983	1984	1985	1986
Grundstoffproduzierendes Gewerbe	-1,3	-0,8	6,6	4,8	1,2	0,4
Mineralölverarbeitung	-13,1	-4,3	2,0	4,0	3,7	4,9
Steine und Erden	-4,1	-7,0	2,2	-0,8	-0,7	3,8
Eisenschaffende Industrie	1,0	-5,3	9,5	9,0	6,9	-1,6
Gießereien	1,0	3,4	0,9	6,7	0,5	1,2
Chem. Ind., Spalt-, Brutstoffe	0,9	-2,1	8,4	6,7	2,0	-1,4
Sonst. Grundstoffprod.	-1,6	5,6	11,6	4,7	-3,9	4,5
Investitionsgüterprod. Gewerbe	2,6	1,4	3,3	3,8	5,6	1,4
Stahlbau	0,5	2,2	0,4	-1,7	0,0	-1,0
Maschinenbau	0,7	1,3	1,6	1,9	5,2	3,1
Straßenfahrzeugbau	5,5	-0,2	2,0	1,8	6,0	-1,4
Elektrotechnik	1,8	2,9	3,2	6,7	6,1	2,9
Feinmechanik, Optik	1,6	-3,1	10,1	7,3	5,2	3,3
Büromaschinen, ADV	11,6	5,4	18,4	18,8	18,4	1,7
Sonst. Investitionsgüterprod.	2,6	1,2	4,9	5,1	2,3	-1,3
Verbrauchsgüterprod. Gewerbe	0,4	1,0	4,7	3,5	2,5	3,2
Holzverarbeitung	-2,3	-0,6	3,4	0,8	-0,4	3,5
Druckerei	1,0	0,8	3,9	7,8	3,2	3,6
Textilgewerbe	2,6	2,3	5,9	5,1	5,2	2,9
Sonst. Verbrauchsgüterprod.	0,5	1,4	4,8	3,0	2,7	3,1
Nahrungs- und Genußmittelherst.	2,9	0,2	5,4	3,6	3,3	3,9
Verarbeitendes Gewerbe	1,4	0,7	4,6	4,1	3,7	1,5

Productivity per Hour Worked

Westgermany

% change on previous year

1987	1988	1989	1990	1991	
2,7	7,3	2,9	1,1	0,9	Manufacture of basic products
-0,8	12,5	5,2	11,7	-2,2	Mineral oil refining
-0,1	5,2	6,0	6,5	3,1	Stones and earths
2,8	16,2	5,2	-2,4	5,5	Iron and steel industry
8,1	3,9	-3,5	2,1	-4,1	Foundries
2,8	5,6	2,8	-0,6	1,6	Chemical industry
4,0	7,4	6,9	0,4	-1,7	Other basic products
1,8	4,0	5,3	3,6	2,3	Manufacture of capital goods
0,7	7,6	5,1	6,0	4,5	Structural metal products
-0,8	4,3	6,7	2,1	0,5	Mechanical engineering
5,6	0,9	5,6	4,6	1,2	Manufacture of road vehicles
-0,1	6,2	5,4	4,3	3,8	Electrical engineering
1,4	5,9	0,9	5,9	9,6	Precision and optical instruments
3,8	4,8	-1,0	8,6	16,6	Office machinery, data proc. equip.
4,2	3,3	4,5	2,2	0,7	Other capital goods
2,4	3,0	3,9	3,9	1,3	Manufacture of consumer goods
2,9	1,6	2,8	4,5	2,2	Manufacture of wood products
2,9	3,2	3,9	5,4	-0,5	Printing and duplicating
1,1	2,0	4,2	5,7	0,3	Textile industry
2,3	3,6	4,0	2,7	1,4	Other consumer goods
-0,7	3,7	4,3	8,3	3,6	Food, beverage and tobacco industry
1,9	4,6	4,3	3,3	1,9	Total manufacturing

Beschäftigtenstundenproduktivität

Westdeutschland

Index 1989 = 100

	1980	1981	1982	1983	1984	1985
Grundstoffproduzierendes Gewerbe	79,4	78,3	77,7	82,8	86,9	87,9
Mineralölverarbeitung	88,9	77,2	73,8	75,3	78,3	81,2
Steine und Erden	96,2	92,3	85,8	87,7	87,0	86,4
Eisenschaffende Industrie	66,2	66,8	63,3	69,3	75,6	80,8
Gießereien	80,6	81,4	84,2	85,0	90,7	91,1
Chem. Ind., Spalt-, Brutstoffe	78,1	78,8	77,1	83,6	89,2	91,0
Sonst. Grundstoffprod.	68,7	67,6	71,4	79,6	83,4	80,1
Investitionsgüterprod. Gewerbe	75,1	77,0	78,1	80,7	83,8	88,5
Stahlbau	87,4	87,8	89,8	90,1	88,6	88,7
Maschinenbau	79,1	79,6	80,6	81,9	83,5	87,8
Straßenfahrzeugbau	77,7	82,0	81,8	83,5	85,0	90,1
Elektrotechnik	71,1	72,4	74,4	76,8	82,0	86,9
Feinmechanik, Optik	73,0	74,2	71,9	79,2	85,0	89,4
Büromaschinen, ADV	46,6	52,0	54,8	64,9	77,1	91,2
Sonst. Investitionsgüterprod.	77,0	79,0	79,9	83,8	88,1	90,1
Verbrauchsgüterprod. Gewerbe	78,4	78,8	79,5	83,3	86,2	88,4
Holzverarbeitung	89,1	87,1	86,5	89,5	90,2	89,8
Druckerei	74,3	75,0	75,7	78,6	84,7	87,5
Textilgewerbe	73,6	75,5	77,2	81,7	85,9	90,4
Sonst. Verbrauchsgüterprod.	77,9	78,3	79,3	83,2	85,7	88,0
Nahrungs- und Genußmittelherst.	77,1	79,3	79,5	83,8	86,8	89,7
Verarbeitendes Gewerbe	76,8	77,9	78,4	82,0	85,3	88,5

Productivity per Hour Worked

Westgermany

1989 = 100

1986	1987	1988	1989	1990	1991	
88,2	90,6	97,2	100,0	101,1	102,0	Manufacture of basic products
85,2	84,5	95,1	100,0	111,7	109,2	Mineral oil refining
89,7	89,6	94,3	100,0	106,5	109,8	Stones and earths
79,5	81,8	95,0	100,0	97,6	102,9	Iron and steel industry
92,2	99,7	103,6	100,0	102,1	97,9	Foundries
89,7	92,2	97,3	100,0	99,4	101,0	Chemical industry
83,7	87,1	93,6	100,0	100,4	98,7	Other basic products
89,7	91,3	94,9	100,0	103,6	106,0	Manufacture of capital goods
87,8	88,4	95,1	100,0	106,0	110,8	Structural metal products
90,6	89,9	93,7	100,0	102,1	102,6	Mechanical engineering
88,8	93,8	94,7	100,0	104,6	105,8	Manufacture of road vehicles
89,5	89,4	94,9	100,0	104,3	108,3	Electrical engineering
92,3	93,6	99,1	100,0	105,9	116,1	Precision and optical instruments
92,8	96,4	101,0	100,0	108,6	126,6	Office machinery, data proc. equip.
89,0	92,7	95,7	100,0	102,2	102,9	Other capital goods
91,3	93,4	96,2	100,0	103,9	105,2	Manufacture of consumer goods
93,0	95,7	97,2	100,0	104,5	106,7	Manufacture of wood products
90,6	93,2	96,2	100,0	105,4	104,9	Printing and duplicating
93,0	94,0	95,9	100,0	105,7	106,1	Textile industry
90,8	92,9	96,2	100,0	102,7	104,1	Other consumer goods
93,2	92,5	95,9	100,0	108,3	112,2	Food, beverage and tobacco industry
89,9	91,6	95,8	100,0	103,3	105,3	Total manufacturing

Beschäftigte

Ostdeutschland

in vH von Westdeutschland

	1980	1981	1982	1983	1984	1985
Grundstoffproduzierendes Gewerbe	39,1	40,4	41,8	43,1	44,0	44,0
Mineralölverarbeitung	79,9	75,7	75,5	79,8	83,2	88,7
Steine und Erden	44,8	46,5	48,6	50,8	51,6	54,4
Eisenschaffende Industrie	29,1	32,1	34,0	36,4	38,9	40,1
Gießereien	41,7	44,7	46,2	48,1	49,1	49,0
Chem. Ind., Spalt-, Brutstoffe	39,7	39,6	40,3	40,9	40,7	39,9
Sonst. Grundstoffprod.	38,5	40,0	41,9	42,6	43,8	43,2
Investitionsgüterprod. Gewerbe	34,6	35,4	36,7	38,7	39,3	38,5
Stahlbau	52,9	51,4	52,0	55,1	59,0	60,5
Maschinenbau	46,2	47,3	49,2	54,0	55,8	56,3
Straßenfahrzeugbau	19,3	19,6	19,1	17,8	17,4	16,2
Elektrotechnik	36,3	37,8	40,1	42,2	42,7	41,0
Feinmechanik, Optik	34,0	36,0	40,9	45,5	46,6	44,2
Büromaschinen, ADV	74,9	68,8	66,7	65,4	63,2	58,1
Sonst. Investitionsgüterprod.	21,0	21,3	22,3	23,6	23,9	23,0
Verbrauchsgüterprod. Gewerbe	43,0	44,7	47,6	50,0	50,7	50,7
Holzverarbeitung	36,4	38,3	42,5	45,0	47,9	49,5
Druckerei	16,7	16,9	17,5	17,9	17,9	17,9
Textilgewerbe	72,4	76,3	82,2	86,4	89,5	90,4
Sonst. Verbrauchsgüterprod.	40,1	41,7	44,1	46,6	46,3	45,8
Nahrungs- und Genußmittelherst.	52,7	53,3	55,3	57,7	57,6	58,2
Verarbeitendes Gewerbe	38,6	39,6	41,2	43,2	43,8	43,3

Employees

Eastgermany

in percent of Westgermany

1986	1987	1988	1989	1990	1991	
43,7	44,0	44,0	43,3	38,0	24,9	Manufacture of basic products
89,6	90,3	92,6	97,5	96,3	70,1	Mineral oil refining
56,7	57,0	56,0	55,9	51,7	34,8	Stones and earths
41,2	44,4	46,6	46,7	42,3	30,0	Iron and steel industry
46,9	47,9	48,9	46,7	40,4	28,0	Foundries
38,9	38,2	37,4	36,7	31,8	20,6	Chemical industry
42,8	43,0	43,2	42,2	35,6	20,9	Other basic products
37,1	36,6	36,6	35,4	30,2	20,9	Manufacture of capital goods
61,9	61,4	62,5	61,5	54,6	45,4	Structural metal products
54,2	53,6	54,3	52,0	42,4	28,7	Mechanical engineering
15,2	14,8	14,7	14,4	13,5	8,9	Manufacture of road vehicles
39,7	39,0	38,6	37,2	31,8	20,3	Electrical engineering
45,1	44,9	41,9	42,3	41,7	30,9	Precision and optical instruments
52,8	52,0	56,0	56,6	47,2	33,3	Office machinery, data proc. equip.
22,2	22,0	22,1	21,1	17,7	13,4	Other capital goods
50,0	50,1	50,3	49,0	38,9	22,2	Manufacture of consumer goods
49,7	49,7	48,3	45,9	35,1	22,2	Manufacture of wood products
17,6	17,2	16,6	15,9	13,1	11,3	Printing and duplicating
90,8	92,2	93,9	95,3	79,8	41,8	Textile industry
44,7	44,8	45,6	44,1	34,7	19,9	Other consumer goods
58,3	58,1	58,5	58,0	45,1	26,0	Food, beverage and tobacco industry
42,3	42,0	42,1	41,0	34,3	22,2	Total manufacturing

Beschäftigtenstunden

Ostdeutschland

in vH von Westdeutschland

	1980	1981	1982	1983	1984	1985
Grundstoffproduzierendes Gewerbe	39,0	40,9	43,1	44,3	44,8	45,1
Mineralölverarbeitung	77,5	73,3	73,6	78,5	83,3	90,8
Steine und Erden	42,0	45,1	48,2	49,3	50,5	54,6
Eisenschaffende Industrie	30,8	34,3	38,0	41,4	41,6	43,1
Gießereien	42,3	46,2	48,8	51,2	51,5	50,6
Chem. Ind., Spalt-, Brutstoffe	39,6	40,0	41,0	41,5	41,5	40,7
Sonst. Grundstoffprod.	37,7	39,8	42,4	42,5	43,6	43,2
Investitionsgüterprod. Gewerbe	36,3	37,9	40,2	41,4	42,1	40,7
Stahlbau	51,6	51,7	54,0	56,8	61,0	62,4
Maschinenbau	48,5	51,5	55,4	58,1	58,4	58,3
Straßenfahrzeugbau	20,2	20,6	20,8	19,7	19,9	17,7
Elektrotechnik	38,0	40,5	43,4	44,7	45,4	43,4
Feinmechanik, Optik	34,5	37,4	43,0	47,6	48,4	45,4
Büromaschinen, ADV	77,7	73,0	70,1	69,1	66,4	62,1
Sonst. Investitionsgüterprod.	21,4	22,1	23,7	25,3	25,5	24,6
Verbrauchsgüterprod. Gewerbe	40,9	44,0	47,9	49,7	50,6	50,6
Holzverarbeitung	38,4	38,2	45,1	45,7	48,6	50,9
Druckerei	15,5	16,0	16,6	17,4	17,8	17,9
Textilgewerbe	67,2	74,8	81,6	86,3	89,1	89,3
Sonst. Verbrauchsgüterprod.	37,9	41,7	44,8	46,5	46,2	45,6
Nahrungs- und Genußmittelherst.	52,6	52,4	53,8	55,8	56,3	56,9
Verarbeitendes Gewerbe	39,0	40,9	43,4	44,8	45,4	44,7

Hours Worked

Eastgermany

in percent of Westgermany

1986	1987	1988	1989	1990	1991	
45,1	46,1	45,6	45,7	35,8	19,5	Manufacture of basic products
91,0	91,3	94,1	105,2	100,5	66,8	Mineral oil refining
55,7	57,1	55,8	54,4	44,2	25,3	Stones and earths
45,4	49,3	49,9	50,5	41,6	24,5	Iron and steel industry
49,8	52,6	50,5	50,9	37,6	19,8	Foundries
39,6	39,7	39,0	38,4	30,3	16,6	Chemical industry
43,7	44,4	44,2	45,9	33,3	15,8	Other basic products
39,8	40,3	40,2	38,8	28,4	15,1	Manufacture of capital goods
63,4	65,1	66,0	65,1	53,1	40,8	Structural metal products
57,9	58,2	58,8	55,6	39,2	21,2	Mechanical engineering
16,6	16,8	16,9	16,6	12,8	6,2	Manufacture of road vehicles
42,7	42,8	42,8	41,2	30,1	14,0	Electrical engineering
44,6	48,1	44,9	44,7	32,9	16,6	Precision and optical instruments
58,2	58,5	56,9	60,1	45,0	17,9	Office machinery, data proc. equip.
24,0	24,4	23,7	23,5	16,5	9,5	Other capital goods
50,5	51,2	51,3	50,1	34,9	16,2	Manufacture of consumer goods
51,6	52,1	49,8	47,4	33,2	18,4	Manufacture of wood products
17,9	17,6	17,2	16,7	11,8	10,6	Printing and duplicating
91,5	93,8	95,3	97,4	69,4	25,8	Textile industry
44,9	45,7	46,4	44,9	31,4	14,5	Other consumer goods
57,3	57,8	58,0	58,9	41,7	22,4	Food, beverage and tobacco industry
44,1	44,8	44,7	43,7	32,0	16,7	Total manufacturing

Durchschnittliche Jahresarbeitszeit
Ostdeutschland
in vH von Westdeutschland

	1980	1981	1982	1983	1984	1985
Grundstoffproduzierendes Gewerbe	99,7	101,3	103,2	102,7	101,9	102,4
Mineralölverarbeitung	97,1	96,8	97,4	98,4	100,0	102,4
Steine und Erden	93,7	97,0	99,1	97,1	98,0	100,3
Eisenschaffende Industrie	106,0	107,1	111,6	113,7	106,9	107,5
Gießereien	101,3	103,3	105,6	106,6	104,7	103,3
Chem. Ind., Spalt-, Brutstoffe	99,8	101,1	102,0	101,4	102,0	102,0
Sonst. Grundstoffprod.	98,0	99,5	101,1	99,7	99,4	100,1
Investitionsgüterprod. Gewerbe	104,7	107,0	109,6	107,1	107,2	105,8
Stahlbau	97,6	100,4	103,8	103,1	103,4	103,1
Maschinenbau	105,0	108,9	112,7	107,6	104,8	103,6
Straßenfahrzeugbau	105,1	105,2	108,9	110,5	114,6	109,6
Elektrotechnik	104,9	107,1	108,2	105,8	106,2	105,8
Feinmechanik, Optik	101,5	103,8	105,2	104,6	103,9	102,7
Büromaschinen, ADV	103,7	106,1	105,1	105,7	105,1	106,9
Sonst. Investitionsgüterprod.	101,8	103,9	106,3	107,0	106,6	106,7
Verbrauchsgüterprod. Gewerbe	95,0	98,5	100,7	99,4	99,7	99,8
Holzverarbeitung	105,7	99,8	106,1	101,4	101,5	102,8
Druckerei	92,9	94,8	95,3	97,5	99,3	100,2
Textilgewerbe	92,8	98,0	99,3	99,8	99,5	98,9
Sonst. Verbrauchsgüterprod.	94,5	100,0	101,6	99,7	99,8	99,6
Nahrungs- und Genußmittelherst.	99,8	98,2	97,3	96,7	97,8	97,7
Verarbeitendes Gewerbe	101,1	103,2	105,3	103,7	103,7	103,2

Hours Worked per Employee

Eastgermany

in percent of Westgermany

1986	1987	1988	1989	1990	1991	
103,2	104,9	103,6	105,7	94,2	78,4	Manufacture of basic products
101,7	101,0	101,6	108,0	104,4	95,4	Mineral oil refining
98,1	100,2	99,6	97,3	85,5	72,5	Stones and earths
110,3	111,2	107,2	108,2	98,3	81,7	Iron and steel industry
106,3	109,9	103,2	108,8	93,1	70,6	Foundries
102,0	104,0	104,2	104,5	95,2	80,5	Chemical industry
102,1	103,4	102,3	108,7	93,7	75,5	Other basic products
107,1	110,2	110,0	109,7	93,9	72,5	Manufacture of capital goods
102,5	106,1	105,6	105,9	97,3	89,9	Structural metal products
106,9	108,6	108,3	106,9	92,6	73,8	Mechanical engineering
109,7	113,7	115,1	115,0	94,6	69,6	Manufacture of road vehicles
107,5	109,8	111,0	110,8	94,6	69,0	Electrical engineering
98,9	107,2	107,0	105,5	79,0	53,6	Precision and optical instruments
110,1	112,5	101,7	106,3	95,5	53,8	Office machinery, data proc. equip.
108,5	110,8	107,2	111,1	93,1	70,4	Other capital goods
100,9	102,3	102,0	102,4	89,8	73,0	Manufacture of consumer goods
103,8	104,9	102,9	103,3	94,3	83,0	Manufacture of wood products
101,2	102,5	103,4	105,0	90,1	94,6	Printing and duplicating
100,7	101,7	101,5	102,2	86,9	61,8	Textile industry
100,5	102,0	101,9	101,8	90,3	72,9	Other consumer goods
98,4	99,5	99,3	101,7	92,4	86,0	Food, beverage and tobacco industry
104,4	106,7	106,2	106,8	93,3	75,3	Total manufacturing

Bruttowertschöpfung

Ostdeutschland

in vH von Westdeutschland

	1980	1981	1982	1983	1984	1985
Grundstoffproduzierendes Gewerbe	14,0	15,4	16,7	16,5	16,8	16,9
Mineralölverarbeitung	6,4	7,5	9,6	10,2	11,4	12,0
Steine und Erden	32,0	36,4	40,0	41,1	42,7	47,9
Eisenschaffende Industrie	12,3	13,2	15,4	15,4	14,8	12,8
Gießereien	18,5	20,9	22,8	24,6	24,8	24,5
Chem. Ind., Spalt-, Brutstoffe	13,3	13,9	14,8	13,8	13,9	13,6
Sonst. Grundstoffprod.	13,1	15,1	16,1	15,5	16,1	17,1
Investitionsgüterprod. Gewerbe	16,1	16,9	17,3	17,4	17,1	16,0
Stahlbau	29,7	30,8	29,5	30,7	33,5	35,7
Maschinenbau	24,0	26,5	27,2	28,4	28,9	28,2
Straßenfahrzeugbau	3,8	4,3	4,9	4,6	5,0	4,5
Elektrotechnik	16,4	17,4	17,6	18,0	15,8	13,9
Feinmechanik, Optik	30,0	31,2	35,4	35,1	35,4	33,9
Büromaschinen, ADV	35,6	28,0	24,8	20,2	15,1	12,5
Sonst. Investitionsgüterprod.	9,6	9,2	9,4	9,3	8,9	8,4
Verbrauchsgüterprod. Gewerbe	13,9	14,5	14,9	14,8	14,8	14,9
Holzverarbeitung	11,4	12,8	12,9	13,3	14,2	15,5
Druckerei	12,5	12,6	13,0	12,8	12,6	12,9
Textilgewerbe	26,3	28,1	29,5	29,6	30,0	29,4
Sonst. Verbrauchsgüterprod.	11,4	11,5	11,6	11,3	11,0	10,8
Nahrungs- und Genußmittelherst.	42,6	43,1	43,5	44,4	45,5	46,2
Verarbeitendes Gewerbe	17,2	18,2	18,9	19,0	19,0	18,4

Gross Value Added

Eastgermany

in percent of Westgermany

1986	1987	1988	1989	1990	1991	
15,8	15,5	14,8	15,6	10,7	5,4	Manufacture of basic products
7,5	8,2	7,2	9,4	6,4	5,8	Mineral oil refining
48,7	50,6	48,5	46,2	30,7	10,3	Stones and earths
14,6	13,2	12,2	14,0	10,3	5,8	Iron and steel industry
26,2	24,8	24,0	25,7	17,9	6,0	Foundries
11,7	11,3	11,0	11,6	8,1	4,6	Chemical industry
16,8	16,6	15,9	15,6	9,7	4,0	Other basic products
15,9	16,6	16,4	15,9	12,0	4,9	Manufacture of capital goods
37,7	39,6	38,3	39,3	32,7	23,2	Structural metal products
27,8	29,3	29,2	27,2	20,5	7,9	Mechanical engineering
4,3	3,9	3,9	4,0	3,3	2,1	Manufacture of road vehicles
14,2	15,3	15,2	14,9	11,1	3,5	Electrical engineering
32,0	36,9	34,1	33,1	20,4	3,2	Precision and optical instruments
11,7	12,7	14,2	17,9	12,9	2,2	Office machinery, data proc. equip.
8,4	8,0	7,5	7,0	5,0	2,8	Other capital goods
14,9	15,1	15,0	14,8	10,0	4,8	Manufacture of consumer goods
15,8	16,0	15,9	15,5	9,9	3,8	Manufacture of wood products
12,6	12,5	12,0	11,6	10,2	9,0	Printing and duplicating
29,8	30,8	31,3	32,1	20,9	10,7	Textile industry
10,8	11,1	11,1	10,8	7,3	2,6	Other consumer goods
45,8	46,2	45,0	44,1	25,3	13,2	Food, beverage and tobacco industry
18,1	18,4	18,0	17,8	12,4	5,7	Total manufacturing

Arbeitsproduktivität

Ostdeutschland

in vH von Westdeutschland

	1980	1981	1982	1983	1984	1985
Grundstoffproduzierendes Gewerbe	35,8	38,1	40,1	38,2	38,3	38,4
Mineralölverarbeitung	8,0	9,9	12,7	12,7	13,7	13,5
Steine und Erden	71,5	78,3	82,2	80,8	82,9	88,0
Eisenschaffende Industrie	42,4	41,3	45,1	42,1	38,1	31,9
Gießereien	44,4	46,8	49,4	51,1	50,5	50,0
Chem. Ind., Spalt-, Brutstoffe	33,4	35,1	36,7	33,6	34,2	34,2
Sonst. Grundstoffprod.	34,1	37,6	38,4	36,3	36,6	39,5
Investitionsgüterprod. Gewerbe	46,4	47,7	47,1	45,0	43,5	41,6
Stahlbau	56,1	59,8	56,7	55,7	56,8	59,0
Maschinenbau	52,0	56,0	55,4	52,6	51,9	50,1
Straßenfahrzeugbau	19,9	21,9	25,4	25,6	28,7	27,5
Elektrotechnik	45,2	46,0	43,8	42,7	37,0	33,8
Feinmechanik, Optik	88,3	86,8	86,7	77,2	76,0	76,6
Büromaschinen, ADV	47,6	40,7	37,2	30,9	24,0	21,5
Sonst. Investitionsgüterprod.	45,6	43,3	42,0	39,4	37,3	36,4
Verbrauchsgüterprod. Gewerbe	32,4	32,5	31,2	29,5	29,1	29,3
Holzverarbeitung	31,2	33,4	30,4	29,5	29,7	31,3
Druckerei	74,8	74,5	74,2	71,4	70,3	72,0
Textilgewerbe	36,3	36,8	35,9	34,3	33,5	32,5
Sonst. Verbrauchsgüterprod.	28,5	27,5	26,3	24,3	23,7	23,5
Nahrungs- und Genußmittelherst.	80,9	80,8	78,8	76,9	78,9	79,3
Verarbeitendes Gewerbe	44,7	46,1	45,9	43,9	43,3	42,6

Labour Productivity

Eastgermany

in percent of Westgermany

1986	1987	1988	1989	1990	1991	
36,1	35,3	33,7	36,0	28,1	21,6	Manufacture of basic products
8,3	9,1	7,8	9,7	6,7	8,3	Mineral oil refining
85,9	88,8	86,6	82,6	59,3	29,4	Stones and earths
35,3	29,8	26,2	30,0	24,4	19,1	Iron and steel industry
55,8	51,8	49,1	54,9	44,3	21,5	Foundries
30,2	29,6	29,3	31,5	25,5	22,5	Chemical industry
39,2	38,6	36,9	36,9	27,4	19,2	Other basic products
42,9	45,2	44,9	45,0	39,5	23,3	Manufacture of capital goods
60,9	64,6	61,2	63,9	59,9	51,0	Structural metal products
51,4	54,6	53,8	52,2	48,3	27,5	Mechanical engineering
28,3	26,5	26,9	27,8	24,5	23,0	Manufacture of road vehicles
35,7	39,3	39,4	40,2	34,8	17,0	Electrical engineering
71,0	82,2	81,3	78,3	48,9	10,2	Precision and optical instruments
22,1	24,4	25,4	31,6	27,3	6,6	Office machinery. data proc. equip.
37,9	36,4	33,8	33,1	28,4	20,8	Other capital goods
29,7	30,2	29,9	30,3	25,8	21,6	Manufacture of consumer goods
31,8	32,1	32,9	33,9	28,1	16,9	Manufacture of wood products
71,5	72,4	72,4	73,0	77,6	79,5	Printing and duplicating
32,8	33,4	33,3	33,7	26,2	25,6	Textile industry
24,2	24,7	24,3	24,5	20,9	13,0	Other consumer goods
78,7	79,5	77,0	76,0	56,1	50,7	Food, beverage and tobacco industry
42,8	43,7	42,8	43,4	36,3	25,6	Total manufacturing

Beschäftigtenstundenproduktivität

Ostdeutschland

in vH von Westdeutschland

	1980	1981	1982	1983	1984	1985
Grundstoffproduzierendes Gewerbe	35,9	37,6	38,9	37,2	37,6	37,5
Mineralölverarbeitung	8,2	10,2	13,1	12,9	13,7	13,2
Steine und Erden	76,3	80,7	83,0	83,2	84,6	87,7
Eisenschaffende Industrie	40,0	38,5	40,4	37,1	35,7	29,7
Gießereien	43,8	45,3	46,8	47,9	48,2	48,4
Chem. Ind., Spalt-, Brutstoffe	33,4	34,7	36,0	33,2	33,6	33,5
Sonst. Grundstoffprod.	34,8	37,8	38,0	36,4	36,8	39,5
Investitionsgüterprod. Gewerbe	44,4	44,6	43,0	42,0	40,6	39,4
Stahlbau	57,5	59,5	54,6	54,1	54,9	57,3
Maschinenbau	49,5	51,4	49,2	48,9	49,5	48,3
Straßenfahrzeugbau	19,0	20,9	23,3	23,2	25,0	25,1
Elektrotechnik	43,1	42,9	40,4	40,3	34,8	32,0
Feinmechanik, Optik	87,0	83,6	82,4	73,8	73,2	74,6
Büromaschinen. ADV	45,8	38,4	35,4	29,2	22,8	20,1
Sonst. Investitionsgüterprod.	44,8	41,7	39,5	36,8	35,0	34,1
Verbrauchsgüterprod. Gewerbe	34,1	33,0	31,0	29,7	29,2	29,4
Holzverarbeitung	29,5	33,5	28,6	29,1	29,3	30,5
Druckerei	80,6	78,6	77,9	73,2	70,8	71,9
Textilgewerbe	39,2	37,6	36,1	34,3	33,6	32,9
Sonst. Verbrauchsgüterprod.	30,1	27,5	25,9	24,4	23,8	23,6
Nahrungs- und Genußmittelherst.	81,1	82,3	80,9	79,5	80,8	81,2
Verarbeitendes Gewerbe	44,2	44,6	43,6	42,4	41,8	41,3

Productivity per Hour Worked

Eastgermany

in percent of Westgermany

1986	1987	1988	1989	1990	1991	
35,0	33,7	32,5	34,1	29,8	27,5	Manufacture of basic products
8,2	9,0	7,7	9,0	6,4	8,7	Mineral oil refining
87,5	88,6	86,9	84,8	69,3	40,6	Stones and earths
32,0	26,8	24,4	27,8	24,8	23,4	Iron and steel industry
52,5	47,1	47,6	50,4	47,6	30,4	Foundries
29,6	28,5	28,1	30,2	26,8	27,9	Chemical industry
38,4	37,3	36,1	33,9	29,2	25,4	Other basic products
40,0	41,0	40,9	41,0	42,1	32,1	Manufacture of capital goods
59,5	60,9	58,0	60,4	61,6	56,8	Structural metal products
48,0	50,3	49,7	48,9	52,2	37,3	Mechanical engineering
25,8	23,3	23,3	24,2	25,9	33,1	Manufacture of road vehicles
33,2	35,8	35,5	36,3	36,8	24,6	Electrical engineering
71,8	76,7	76,0	74,2	62,0	19,0	Precision and optical instruments
20,1	21,7	24,9	29,7	28,6	12,3	Office machinery. data proc. equip.
35,0	32,8	31,5	29,8	30,5	29,6	Other capital goods
29,5	29,5	29,3	29,6	28,8	29,6	Manufacture of consumer goods
30,6	30,6	32,0	32,8	29,8	20,4	Manufacture of wood products
70,7	70,7	70,1	69,6	86,1	84,1	Printing and duplicating
32,6	32,9	32,9	33,0	30,2	41,5	Textile industry
24,1	24,2	23,8	24,1	23,1	17,9	Other consumer goods
79,9	79,9	77,5	74,8	60,7	58,9	Food, beverage and tobacco industry
41,0	41,0	40,3	40,6	38,9	34,0	Total manufacturing

Kolibri 360 GmbH
Ferdinand-Jühlke-Straße 7
99095 Erfurt, Deutschland
produktsicherheit@kolibri360.de

Druck:
CPI Druckdienstleistungen GmbH
im Auftrag der
Kolibri 360 GmbH
Ferdinand-Jühlke-Str. 7
99095 Erfurt